Zwei Hörner und Ruß

Zwei Hörner und Ruß

Teufelsgeschichten

von Sedat Kalyoncu

Bibliografische Information der Deutschen Nationalbibliothek:
Die Deutsche Nationalbibliothek verzeichnet diese Publikation in der Deutschen Nationalbibliografie; detaillierte bibliografische Daten sind im Internet über http://dnb.d-nb.de abrufbar.

Sedat Kalyoncu, "Zwei Hörner und Ruß"

Rechte für diese Ausgabe:
MA-Verlag, Stelle-Wittenwurth
ma-verlag@gmx.de
1. Auflage 2021

Satz, Layout und Umschlaggestaltung:
MA-Verlag

Herstellung:
tredition GmbH, Halenreie 40-44, 22359 Hamburg

ISBN 978-3-925718-43-4

Der Seele Blut und der Widmung Dank gebührt an dieser Stelle meinem Lehrmeister Helmut Barthel für die Unerschöpflichkeit seiner Inspirationen und streitvollen Gedanken von grenzsprengendem Flügelschlag. Verse von solch zauberkräftigem Gesang, welche dem Stift in meinen Händen die erzählerische Richtung wiesen hinein in die Reiche der Finsternisse und dunkler Leidenschaften, standen Pate für die Geschichten in diesem Buch und wurden zu ihrem Beginn.

Sturm

Welche Freundschaft und Umarmung,
wenn der Sturm die Wolken weht,
und der Himmel ohne Warnung
immer wieder neu entsteht.

Welches Treffen alter Wesen,
urverbunden, wortlos echt,
hab'n die Zukunft schon gelesen
vor dem menschlichen Geschlecht.

Helmut Barthel

Inhalt

Ein Schattenriss vom Schach der Finsternis 9

Eine Sommernachts-Querele 36

Verrückte Wirklichkeit 61

Mondgasse 4 91

Stinker 109

Wette gegen den Teufel 120

Die goldene Taschenuhr 129

Diyarbakir 143

Dschinnistan 172

Die mit den Toten wandeln 198

Verlorene Seele im Nebel 233

Weiße Asphodelusblumen 243

Im Trollenland 258

Über den Autor 275

Ein Schattenriss vom Schach der Finsternis

Es hat den Anschein, als wäre dies die Geschichte des Menschen Pjotr Sergejewitsch Kaspariow, des einzigen männlichen Sprosses einer im Pariser Exil lebenden Adelsfamilie aus Russland, der voller Übermut und Koketterie an eine Pforte zu klopfen wagte, die auch nur in Augenschein zu nehmen jemand, der seine fünf Sinne beieinander hat, nicht einmal in Erwägung ziehen wird. Von alters her trieb unstillbarer Ehrgeiz Menschen dazu, ihr Können und Vermögen im Streit um die Erlangung höherer Sinnfindungen einer Bewährung auszusetzen. Von diesem Spuk nach Ruhm besessen, versteigen sich gelegentlich menschliche Gemüter dazu, sogar dem unsäglich Schrecklichen die kühne Stirn zu bieten. Wer jedoch den dunklen Mächten in den Weg tritt, gleichviel, ob er einen höheren Sinn verfolgt oder schlichtweg vor reiner Dummheit strotzt, der sollte sich ernstlich vergegenwärtigen, dass die Vorliebe des Menschen zu Spiel und Neugierde eben ein durch und durch menschliches Verfehlen ist. Schon von daher hüte man sich davor, die berühmt-berüchtigten Worte "Wer den Teufel umarmt, muss in seinem Kopf einen Narren hegen!" auf die leichte Schulter nehmen zu wollen. So manches hochmütige Herz schwieg auf immer im Angesicht des wahrhaft Finsteren, dem eigentlich diese Liebeserklärung gilt.

*

Der Gutsherr Kaspariow setzte seinen Fuß nur unter großen Mühen gegen die heftigen Sturmböen, die unerbittlich gegen ihn brandeten, nach vorne. Sie umwehten und schüttelten ihn so nachdrücklich, dass ihm jeder seiner Schritte zur Qual wurde. Zudem erfasste das Unwetter immer wieder seinen Überrock, zerrte dann so wild entfesselt daran, dass ihn der Eindruck ankam, die Furien selbst seien ihm auf den Fersen. Die Nacht war pechschwarz und umschmiegte ihn klettenhaft. Längst schon verfluchte er, überhaupt aufgebrochen zu sein.

Seine Frau hatte vergeblich all ihre Redekunst darauf verwendet, ihn zum Bleiben zu bewegen, wo doch ihm selbst nicht klar werden wollte, weswegen er unbedingt den behaglichen Abend in trauter Häuslichkeit gegen die Wanderung durch die regnerische Unbill der Nacht eintauschte. Bereits in den frühen Abendstunden hatte ihn jedoch der unwiderstehliche Drang beschlichen, die städtische Kaffeestube aufzusuchen, wo er sich für gewöhnlich mit Freunden zu treffen pflegte.

Da er unweit der Stadtmauern in einem idyllisch gelegenen Anwesen sein Zuhause hatte, schien es ihm ein Leichtes, sich seinen Wunsch zu erfüllen. Betrüblicherweise hatte sein Kutscher am heutigen Abend Ausgang, und so musste er sich notgedrungen dazu entschließen, die Abkürzung durch das nahegelegene Waldstück zu nehmen.

Schon am helllichten Tag bedurfte es einer gehörigen Portion Wagemuts, den Fuß in den Wald hineinzusetzen. Nicht, dass etwaige hier verübte Gräueltaten oder naturwüchsige Widrigkeiten wie sumpfige Mulden oder unwegsames Dornendickicht eine begründete Ursache dafür geboten hätten, dass der Hain gemieden wurde. Zwar sponn das abergläubische Landvolk allerlei haarsträubende Geschichten von Trollen, Gnomen und anderen Waldschraten, die zu gewissen Nachtstunden umhertollen sollten. Kaspariow gab unterdessen nichts darauf, was törichte Zungen so in den Tag hineinredeten! Niemandes Auge war schließlich je eines skurrilen Waldunholds ansichtig geworden. Dass grotesk anmutende Schattenspiele bei düsterem Mondlicht schnell zu Ungeheuern umgestaltet werden können, ist ein hinreichend bekannter Zug der menschlichen Vorstellungsgabe. Und in diesem Sinne tat Kaspariow die unzählig kursierenden Schauergeschichten als Mondscheingefasel und eitle Wirtsstubenrhetorik ab.

Der Volksmund sprach von Legenden, die sich maßgeblich um den Geistersee rankten, der auf einer Lichtung im Wald lag. Dieser See hatte die Besonderheit, dass aus ihm in bestimmten Zeitabständen übelriechende Gasschwaden entwichen und dabei ein weithin vernehmbares Blubbern verursachten. Es ging das Gerücht, dass sich an dieser Stelle das Tor zur Hölle befände, weswegen die Bauersleute und bisweilen auch gestandene Honoratioren den Berichten Glauben schenkten, dass zu gewissen Nachtstunden furchterregende Unholde aus der Satansrotte in der Nähe des Gewässers ihr schauriges

Unwesen trieben. Dergleichen Gespinste entbehrten unzweifelhaft eines profunden Hintergrunds.

Gleichwohl befielen Kaspariow vage Ahnungen von einem bald schon eintreffenden Unglück, als wäre er gleichsam einem fremden Willen untertan, dem er sich hilflos zu fügen habe, ohne sich dies jedoch einzugestehen. So redete er sich nur allzu gerne ein, nichts anderes vorzuhaben, als aus freien Stücken die vielbesuchte Lokalität des gehobenen Standes aufzusuchen. Er beanspruchte nun auch noch für sich, dass sein sonderbares Unwohlsein vor dem Wald feinsinnige, schwerlich zu leugnende Gründe hätte.

Tatsächlich überkam einem bei nächtlichen Waldbesuchen selbst in größeren Gesellschaften so eine Ahnung, als sei dieser Landstrich von einer abgrundtief bösen Wesenheit für die künftige Vollstreckung schlimmster Untaten beschlagnahmt worden. Dieser Ruch einer gewissermaßen vorauseilenden Einflussnahme ließ selbst dem hartgesottensten Wagehals Schauer über den Rücken laufen. Was hatte ihn bloß dazu bewogen, ausgerechnet diesen unheimlichen Waldgang zu wagen, nur um mit seinen Freunden an einem für ihn durchaus ungewöhnlichen Abend zusammen zu sein?

Er erinnerte sich auf einmal an all die sinistren Erzählungen seiner Kinderzeit, die ihm sein Beichtvater aufs Auslassendste in den grässlichsten Farben vorzutragen pflegte. Es war in diesen Schreckensgemälden immer wieder die Rede von dem übelwollenden Verderber, eines Abtrünnigen des Himmels und Schöpfers delikater Höllenqualen, kurzum ging es dabei um den leibhaftigen Teufel, der die Menschenseelen mit verderbenstiftendem Plan vom gottesfürchtigen Weg abzubringen suchte. Sein Beichtvater ereiferte sich bis zum Übermaß in dem Ansinnen, seinen Zögling in die mystischen Exerzitien einer Seelenläuterung einzuweihen, damit er durch das Wort Gottes gewappnet sei gegen den Beelzebub der abspenstigen Versuchung.

Der Pater verwies bei seiner Beweisführung gegen den Widersacher beständig auf alte, geheimgehaltene Folianten, die einzusehen ihm während seines Studiums der Dämonologie gestattet wurde. In diesen Schriften sollen Menetekel aus dunkelsten Zeitaltern menschlicher Seinswerdung verwahrt werden, in denen von einem trutzigen Rebellen gesprochen wird, der lange schon vor dem Anbeginn der Zeitrechnung Widergöttliches im Schilde führte. Dereinst, so steht dort weiter, würde der Tag kommen, an dem das unnennbar Schlechte sich auf Erden personifiziere, indem der Äther der Lüfte zu eines Menschen Gestalt gebündelt und damit das Urböse Tag werde für die Dauer einer Übeltat. So eindringlich und lebhaft sickerten die Schilderungen des Beichtvaters in den zarten Geist des Knaben, dass Kaspariow viele Nächte lang, von schlimmsten Alpträumen geplagt, schweißnass aus dem Schlaf hochschreckte. Es kostete ihn in reiferen Jahren unsägliche Mühe, sich von den Kindheitsängsten freizumachen.

Seiner Emanzipation kam zupass, dass die zeitgenössischen Umwälzungen und das Aufklärungsbestreben bürgerlich-intellektueller Kreise in Politik und Gesellschaft vehement gegen die religiösen Grundsätze stritten. Als Gegenstück dazu und schicke Geisteshaltung gewann nun verstärkt der Imperativ der Vernunft an Bedeutung im Kampf gegen die althergebrachten Glaubensinhalte der Kirche. Insbesondere das Bangemachen mit dem Schreckensbild des Teufels geriet dabei in den aufklärerischen Blick der Verfechter der Rationalität und wurde als Verschleierungs- und Unterdrückungsmotiv seitens der kirchlichen Institution bloßgelegt und im Zuge der Implementierung humanistischer Werte in die Gesellschaft weitgehend diskreditiert. Kaspariow war ein aufnahmewilliges Kind dieser epochalen Innovationen. Von da an begegnete er den Geschichten von einem Teufelsspuk schon aus altem Groll heraus mit radikaler Feindschaft.

Kaspariow riss sich aus seinen Überlegungen, als er die fernen Lichter der Stadt erkannte. Schweren Trittes suchte er sich den Weg vorwärts auf dem matschigen und streckenweise von Unterholz versperrten Waldboden. Völlig ermattet erreichte er schließlich die Stadtmauer. Sein Herz wurde ihm dabei weit, so froh war er, das Beängstigende gewissermaßen im lauernden Dunkel des Waldes zurückzulassen. Er verschnaufte eine kurze Weile und setzte dann seinen Weg kurz entschlossen zum Stadtzentrum fort.

Die Tür zur Kaffeestube ächzte gequält auf, als Kasparїow sie heftig aufstieß. Mehr taumelnd als gehend, vom Lampenlicht geblendet, trat er ein, aber schon nach einigen Schritten hatte er sich wieder gefangen. Schon bald umringten ihn die anwesenden Schachliebhaber, und er gefiel sich dabei, die Pose eines Lebenskünstlers zur Schau zu stellen. Kurze Zeit später ließ er sich gerne dazu verführen, sein meisterliches Können in einer Partie zum Besten zu geben.

Nun muss gesagt werden, dass ihm niemand aus der illustren Abendgesellschaft das Wasser reichen konnte. Er war der unbestrittene Salonlöwe, die Blume und Hoffnung des hiesigen Schachzirkels. Ungezählt und brillant waren seine Siege auf dem Schachbrett. Man pflegte zu sagen, die Perlen unter seinen Partien glichen geistigen Höhenflügen. Wiewohl die wenigsten imstande waren, auch nur einigermaßen unbeschadet den Übergang vom Eröffnungsspiel ins gestaltende Taktieren und Kombinieren des Mittelspiels zu schaffen, reizte es viele, den Meisterspieler angelegentlich herauszufordern und sich nach der erlittenen Niederlage belehren zu lassen.

Mit der Zeit hatte sich beinahe so etwas wie ein liebedienerischer Kult um seine Person gebildet. Er unternahm nichts, um dieser eitlen Glorifizierung ein Ende zu setzen. Ruhm ist eine Speise, die stetig süßer und angenehmer schmeckt, je öfter man sie genießt. Er gab sich bei solchen Gelegenheiten kokett, wurde bisweilen derb leutselig und ereiferte sich zu guter Letzt immer über das mangelnde Verständnis der schachspielenden Emporkömmlinge, die sich zu erdreisten wagten, "das Königliche Spiel und die admirablen Partien der verehrungswürdigen Großmeister mit dem Ungeist ihrer dummen Auslegungen zu verunreinigen."

So manches Mal ging seine Spottlust weit über das verträgliche Maß hinaus; dann erhitzte er sich so sehr in seiner Selbstgefälligkeit, dass er sogar den Fürsten der Finsternis einen Popanz schimpfte. Seine eigene Könnerschaft, so prahlte er des Öfteren, stünde glanzvoll über der Einfältigkeit des Herrn der Schwefelgruben, der, nur weil er leichtgläubige Narren zu beeindrucken wüßte, sich als Verführer der Welt aufspiele. Es bereitete ihm stets aufs Neue delektable Freuden, gewisse Zeitgenossen wegen ihrer Anhänglichkeit an religiöse Inhalte vor den Kopf zu stoßen.

Die Kaffeestube war auch bekannt als Börsenplatz für alle Arten von Salonrevolutionären und verschrobenen Denkern, die stets ein Auge auf reiche Gönner und Grisetten warfen. Auch die feine Gesellschaft hofierte in diesen Räumen und vertrieb sich die Abende mit allerlei Kurzweil und Vergnügungen. Daneben residierte dort ein wohlsituierter Club gleichgesinnter Freigeister und erging sich mit allem Ehrgeiz einer zunehmend Fuß fassenden Liebhaberei. Denn seit den Tagen der Guillotine und der Befreiung vom monarchistischen Joch hatte das Königliche Spiel Einzug gehalten in die gutbürgerlichen und gebildeten Kreise. Über die Jahre schlossen sich die ortsansässigen Schachfreunde zu einer freischaffenden Spielgemeinschaft zusammen.

Dieser Freundeskreis hatte sich mittlerweile einen recht beachtlichen Ruf erworben. Viele aus ihren Reihen trugen bei den alljährlichen Turnieren der Freien Städte des Königreiches Pokal um Pokal davon. Als der aus Russland exilierte Kaspariow zu ihnen stieß und eine von ihm aus den St. Petersburger Tagen neuentwickelte Gambitkonzeption einführte, erklomm der Denkclub rasch den Gipfel der Schachwelt. So mutet es auch nicht wunderlich an, dass das einst allein dem Zeitvertreib anheimgestellte Amüsement leidenschaftlich von jenen Bürgerschichten auf ihre Fahnen geschrieben wurde, die für den eigenen, nunmehr vermehrt Einfluss gewinnenden Bürgerstand ein angemessenes Statussymbol suchten, um sich von dem als dekadent verschmähten Adel abzuheben. Ein vom bürgerlichen Gelehrtenstand aufgegriffenes und weiterentwickeltes Schach bahnte sich so den Weg zu neuen Formen von Sittsamkeit und Wertschätzung und erstrahlte in den Augen vieler als der identifikationsstiftende Siegeszug eines im Meridian von Vernunft und Aufklärung gegründeten Lebensstils.

Draußen weiteten sich die Regenschauer zu einem wahren Unwetter aus. Grelle Blitze zuckten in rascher Folge vom Himmel herab, erleuchteten sekundenlang das Dunkel der Nacht und ließen dabei vor den

Augen des Publikums unwirkliche Landschaften entstehen. Dem einen oder anderen lief ein eisiges Frösteln durch alle Glieder. Obgleich es in diesen Breiten gar nicht selten zu atmosphärischen Entladungen kam, erschreckte nun doch die Heftigkeit des Sturms das ängstliche Gemüt, zumal als das Gewitter zu einem markerschütternden Donnern anwuchs, dass einem das Herz schier bis zum Hals zu springen drohte.

Kaum war das Donnergetöse verklungen und machte dem prasselnden Regen Platz, als mit einem Mal, wie mit einem vortrefflichen Sinn fürs Dramatische inszeniert, ein lautes Klopfen an der Eingangstür ertönte. Die Tür öffnete sich mit einem jammervoll gedehnten Geknarre. Aus dem Schatten hinter der Tür schälte sich zunächst ein ungestalter Umriss. Durch eine starke Windbö blähte sich der Regenumhang des Fremden und dies verlieh ihm in dem trüben Licht der Hoflaterne das Aussehen eines zum Beutefang sprungbereiten Flügelmonstrums. Manch einer hätte nachher beschwören können, er habe den Hauch schwefeliger Ausdünstungen gerochen. Und einigen huschte der Gedanke durch den Kopf, der Leibhaftige selbst sei erschienen, sie alle zu verschlingen.

"Verzeihen Sie, wenn ich so unverhofft eintrete. Ich bin von weither gereist und glaube, dass mein Eintreffen schon seit längerem angekündigt ist. Ich werde erwartet, wenn auch zugegebenermaßen unwissentlich", erklärte sich der Unbekannte. Dann löste er sich von der im Schatten stehenden Pforte und trat vollständig ins Licht. Aller Augen weiteten sich vor Erstaunen. Vor ihnen stand ein wohlbeleibter Mann mit einem vollen Bart wie aus den Erzählungen über die rauen Nordmänner. Da ihn die Abendgesellschaft weiterhin mundoffen anstarrte, fügte er begütigend hinzu: "Ich hoffe, Sie sehen mir nach, dass ich direkt zur Sache komme, denn die Zeit drängt. Mich führte der Weg zu Ihnen, um etwas Seltenes zu erwerben."

"Was wünschen ... Sie ... zu erstehen?", brachte ein junger Kavalier stotternd hervor.

"Soweit ich unterrichtet bin, wird an diesem Ort ein mysteriöses Schachspiel, wie soll ich sagen, verwahrt. Dürfte ich erfahren, in wessen Besitz es sich befindet oder vielmehr, wer es hütet?"

Wieder breitete sich ein bedrückendes Schweigen aus. "Entschuldigen Sie vielmals, ich habe mich noch gar nicht vorgestellt. Mein Name ist Djawol, man nennt mich den Hirten."

Nun endlich löste sich das beklemmende Gefühl von der schreckstarren Salongesellschaft, und beherzt trat Kaspariow vor. Aus einer unergründlichen Laune heraus wusste er, dass er höchstpersönlich mit dem unwissentlichen Gastgeber gemeint war. "Ich bin unendlich froh, Sie herzlichst willkommen zu heißen! Was verschafft mir die Ehre Ihres Besuches?", sagte er und gab dem Fremden die Hand.

"Sie müssen wissen, dass ich ein leidenschaftlicher Sammler von Verlorengegangenem bin und besonders interessiert an ausgefallenen Handwerksstücken", betonte Djawol, neigte dabei den Kopf und betrachtete sein Gegenüber mit einem scheelen Blick. Ein Ruck durchfuhr Kaspariow.

Die Umstehenden verließen gedankenverloren die Empfangshalle und zerstreuten sich in den Räumlichkeiten, ausgenommen eine kleine Gruppe, die sich um Kaspariow scharte. Es waren eng mit ihm befreundete Schachgenossen. Ein unmerklicher Bann hielt sie zurück. Kaspariow führte seinen Gast zu einem Tisch.

"Hätten Sie die Liebenswürdigkeit, Ihr Anliegen ein wenig präziser zu fassen?", fuhr Kaspariow fort.

"Ich irre wohl kaum, wenn ich sage, dass Sie im Besitz eines außergewöhnlichen Schachspiels sind", beantwortete Djawol die Frage.

"Ich bedaure sehr, Ihnen mitteilen zu müssen, dass dieses Spiel unveräußerlich ist", erwiderte Kaspariow und setzte ein wenig beklommen hinzu, "Sie sprechen da ein heikles Thema an. Es gibt Menschen, die in diesem Kunstwerk ein Danaergeschenk vermuten."

"Glauben Sie mir, ich wäre schon über die Maßen froh, wenn ich es nur in Augenschein nehmen dürfte", beteuerte Djawol, wobei sich ein maliziöses Lächeln auf seine Lippen schlich.

"Wer so viel Mühen auf sich nimmt, bloß um ein von obskuren Gerüchten umranktes Schachspiel zu sehen, wo dies doch offensichtlich aller Vernunft spottet, der hat, unterstelle ich einmal freimütig, gewiss tiefere Beweggründe." Der Wunsch seines Gastes, das altertümliche Schachspiel zu erwerben, weckte in Kaspariow eine Begehrlichkeit.

"Sie verfügen über einen hellen Verstand. Sie liegen mit Ihrer Vermutung durchaus richtig", bestätigte Djawol. Er hielt einen kurzen Moment inne, ehe er fortfuhr: "Ich bin gekommen, das Spiel zu Ende zu bringen."

"Dann wissen Sie also von unseren Schwierigkeiten!", fuhr es aus Kaspariow heraus. "Sind Sie ein Schachspieler, ein Virtuose dazu?" Kaspariow witterte die Chance, endlich einem ebenbürtigen Kontrahenten gegenübersitzen zu können.

"Ich spiele kein Schach im üblichen Sinne, ich streite denn um die Welt. Ich spiele das Teufels-Gambit."

"Sie belieben zu scherzen!" Kaspariow schüttelte ungläubig den Kopf.

"Keineswegs."

"Ein Teufels-Gambit? Davon höre ich zum ersten Mal. Jedenfalls drang noch keine Nachricht davon an das allgemeine Ohr. Meines Wissens gibt es weder in der Turnierpraxis noch in der Literatur oder gar in den klassischen Quellentexten stichhaltige Hinweise auf ein derartiges Gambit", dozierte Kaspariow im Brustton der Überzeugung.

"Ich dagegen habe durchaus Schriften studiert, die das Merkmal einer entfernten Verwandtschaft zu einer außerzivilisatorischen Tradition aufweisen, der ich zugehörig bin. Eine bruchstückhafte Hinterlassenschaft ist also vorhanden, wenn auch tausendfältig verwässert und säkularisiert. Wer zwischen den Zeilen zu lesen vermag, der ist imstande, das Gambit des Teufels zu realisieren. Der Name mag für Sie exotisch klingen, doch wird die Gangart oder vielmehr die dem Gambit zugrunde liegende Streitbarkeit allen Forderungen in Bezug auf eine fundierte Wissenschaftlichkeit gerecht", erwiderte Djawol entschieden.

"Dann kann ich Ihren Worten also entnehmen, dass Sie mich herausfordern!", brach es aus Kaspariow heraus.

"Nennen Sie es, wenn Sie wollen, eine Herausforderung."

"Ich muss Sie jedoch darauf aufmerksam machen, dass ich ein anerkannter Meister der 64 Felder bin. Man rühmt mich nicht von ungefähr als federführenden Kenner der Gambiteröffnungen. Meine Vernunft gebietet mir ferner, allein zu glauben, was sich untadelig beweisen lässt. Es heißt doch, verrückt und drei macht sieben. So halte ich es", bramarbasierte Kaspariow.

"Steht nicht in dem fragmentarisch erhaltenen Schriftgut des Zarathustra, dass ehemals aus einer grünen Glut das Schachwerk Ahrimans geformt wurde und dass eine kundige Hand auf diesem Brett Zug- oder Schrittfolgen zu tun imstande sei, denen sich das gesamte Universum nachordnen müsse? In arabischen Bänden steht wiederum geschrieben, dass ein geheimnisvolles Schachbrett von alters her das symbolträchtige Sinnbild eines unversöhnlichen Streits darstelle. Mithin soll es sich dabei um ein machtvolles Angriffswerkzeug Schajtans im Kampf gegen den Garten Allahs handeln", nahm Djawol den Faden wieder auf.

"Verzeihen Sie, aber Ihre Darstellung klingt doch sehr apokryph. Ich will nicht leugnen, dass in gewissen persisch-griechischen Spätfassungen längst verschollener Bücher vieldeutige Hinweise zu finden sind über so etwas wie eine Entscheidungsschlacht, die mit einem Kampffeld in Verbindung gebracht wird. Jedenfalls zweifle ich die Echtheit solcher Texte an. Nichtsdestoweniger haben Sie mich neugierig gemacht. Ich werde Ihnen nicht nur das Schachbrett zeigen, sondern fühle mich darüber hinaus geehrt, dass Sie mit mir eine Partie auf diesem Brett austragen wollen."

So waren die beiden übereingekommen, auf diesem als verwünscht geltenden Brett ihre Kräfte und Befähigungen zu messen. Sie erhoben sich und betraten mit der Schar eingeschworener Clubmitglieder einen langen abschüssigen Korridor mit gekalkten

Wänden, der ein wenig abseits von den eigentlichen Räumlichkeiten in eine verschwiegene Krypta führte. Zu besonderen Anlässen, wenn beispielsweise renommierte Meister ein Brettduell auszufechten wünschten, hatte man noch vor einigen Jahren in dieses Separee übergewechselt, wo unter dem Ausschluss der lärmenden Gästeschaft nur ausgesuchte Zeugen beim Spiel zugegen sein durften. Doch dann war es zu gewissen Zwischenfällen gekommen, und man ließ davon ab.

Mit einem goldverzierten Schlüssel öffnete Kaspariow die eisenbeschlagene Tür. Ein eigenartig modriger Geruch schlug ihnen entgegen und reizte einige der Herrschaften zum Husten. Die mitgeführten Leuchter erhellten ein Gewölbe, dessen Wände mit Ornamenten und geheimnisvollen Symbolen reich verziert waren. Die sich dem Auge darbietende Anmut erwuchs aus dem meisterhaften Arrangement der einzelnen Kunstgegenstände der verschiedenen Stilepochen aus dem Morgenland wie auch aus dem Okzident.

Am auffallendsten jedoch stach die Estrade ins Auge, auf deren Mitte ein barocker Marmortisch stand. Voller Ehrfurcht traten sie ein und näherten sich dem Schachbrett. Hinter ihnen fiel die Eisentür ins Schloss. Im Licht der Leuchter konnte man das an den Rändern mit Symbolen und Zahlen unbekannter Art eingravierte Brett in Augenschein nehmen. Die aus unbestimmbarer Metalllegierung gegossenen und mit sonderbar hell leuchtenden Mineralien bestückten Figuren riefen ein großes Erstaunen hervor.

"Nun, mein Herr, danach verlangte Ihr Herz. Ein Schachspiel von unbeschreiblicher Schönheit, meinen Sie nicht auch?", intonierte Kaspariow mit unverhohlenem Besitzerstolz.

"Ich bin beinahe überwältigt von so viel Zauber. Was wissen Sie über die Entstehungsgeschichte dieses einzigartigen Meisterstücks, und, was mich noch brennender interessiert, wie kamen Sie in seinen Besitz?"

"Weniges ist überliefert worden. Es heißt, dass es einst von einem Alchimisten in Basra gegossen wurde, der bis ins hohe Alter hinein unermüdlich den Zauberkünsten nachforschte. Auf diesen Legendenschatz heben die besagten Buchwerke wohlweislich ab, die Sie vorhin erwähnten. Bis auf den heutigen Tag konnte nicht genau ermittelt werden, welche Materialien der Alchimist für dieses Werk verwendete, geschweige denn ließ sich Eindeutiges zur ausgesprochen grandiosen Handwerksleistung herausfinden. Man munkelt, er habe auf der Suche nach dem Stein der Weisen in einem Schmelztiegel eine grüne Glut erschaffen, in der er dann die Figuren herstellte."

Kaspariow machte mit der Hand eine herumwedelnde Bewegung, so als wollte er damit ausdrücken, wie wenig er von diesem Mythenkram hielt. Dann setzte er seine Rede beflissentlich fort.

"Zum Brett ist wenig zu sagen. Die am Rand eingeritzten Zeichen konnten bislang von keinem Sprachforscher übersetzt werden. Es scheint, als habe der Alchimist eine Sprache verwendet, die niemals auf Erden gesprochen wurde. Zwar wird gemutmaßt, dass es sich dabei um eine alchimistische Symbolsprache handeln könnte, doch fehlen die notwendigen Quellenbeweise. Jedenfalls existieren weder zeitgenössische noch altertümliche Dokumente, die eine solche These unstrittig belegen würden. Es gibt gleichwohl wirre Köpfe, die von einer persischen Dämonensprache schwadronieren. Aber so etwas ist natürlich nicht ernstzunehmen."

Mit dem Zeigefinger fuhr Kaspariow über eines der Zeichen am Brettrand. Ihm war, als ob er unter seiner Haut einen stechenden Schmerz fühlte, wie wenn er eine Glut berührt hätte. So zog er die Hand rasch zurück und mit einem Blick auf Djawol fuhr er mit seinem Bericht fort.

"Jedenfalls verschwand das Brettspiel nach dem Tode des Alchimisten für Jahrzehnte, ehe es in Alexandria wieder auftauchte, wo es der Haushofmeister des Kalifen auf dem Basar erstand und seinem Herrn zum Geschenk machte. Jahrhunderte später war es in Händen eines jüdischen Gelehrten zu Cordoba. Es ist nicht bekannt, wie es in seinen Besitz kam. Erst im Zuge der Reconquista und damit der Vertreibung des maurisch-jüdischen Elements aus der iberischen Halbinsel gelangte es über verschlungene und nicht näher zu bestimmende Wege zu guter Letzt unter christliche Obhut. Mein verstorbener Beichtvater vermachte es mir mit seiner Hinterlassenschaft. In seinem Testament trug er mir die strenge Bitte auf, es so gewissenhaft wie meinen Augapfel zu hüten. Obgleich er mich in die Schachkünste einwies, wußte ich bis zur Eröffnung des Testaments nichts von der Existenz dieses Werkes. Er war ein eigenbrötlerischer Charakter, dessen Passion, mich vor den Machenschaften des Vaters der Lüge zu beschirmen, mir die Knabenzeit verleidete. Zu seiner Ehrenrettung muss ich trotz seiner Verschrobenheit allerdings einräumen, dass er im Kern seines Wesens ein herzensguter Mensch war." Bei den letzten Worten war Kaspariow ein wenig wehmütig zumute. Doch er fasste sich geistesgegenwärtig. "Man vermutet, dass der magische Schmied den Figurensatz und das Holzbrett vor etwa 1200 Jahren herstellte", klärte Kaspariow seinen Gast über den geschichtlichen Hintergrund des Kunstwerkes auf.

"Beachtlich! Die Recherchen sind von gründlicher Tiefe", bemerkte Djawol anerkennend.

"Es gibt noch mehr Geheimnisumwittertes zu berichten. So wird geflüstert, dass den Figuren die Kraft machtvoller Beschwörungen innewohne." Auf Kaspariows Lippen legte sich ein Schmunzeln. "Sei es auch dahingestellt, warum Menschen seit Urgedenken auf derlei unvernünftigen Hokuspokus hereinfallen, wahr ist, dass der Anblick der kunstvollen Handarbeit einen inneren Aufruhr entfesselt. Ein fremdartiger Nimbus umweht sie. Vielen meiner Bekannten erging es so. Das diabolische Antlitz jeder einzelnen Figur lässt einem schier das Blut in den Adern gefrieren. Sie strömen ein solch übelwollendes Eigenleben aus, dass man sich am liebsten abwenden möchte vor dieser zu Gusswerk gewordenen Schlechtigkeit. Allein die Gesichtszüge der Bauern sind von so ausnehmend hinterhältiger Verschlagenheit, dass man sie nicht anrühren mag aus Furcht, gebissen zu werden. Vielen kommt zudem ein irritierendes Unbehagen an, weil sie sich schlichtweg beobachtet fühlen."

Kaspariow lächelte seinen Gast mit entschuldigender Gebärde an, ehe er im ernsten Tone hinzufügte: "Es gibt indes ein Faktum, das maßgeblich zur Mystifizierung beigetragen hat. Wann immer sich zwei Kontrahenten zusammenfanden, noch nie wurde ein Spiel auf diesen Feldern zu Ende geführt. Über die Ursachen grüble ich vergebens nach, ohne eine plausible Erklärung dafür zu finden, weswegen alle Partien aus Gründen zunehmenden Unwohlseins und im Einvernehmen beider Spieler abgebrochen wurden. Am Zimmer konnte es nicht liegen, denn des Öfteren wurde der Austragungsort gewechselt, ohne dass sich am Resultat etwas geändert hätte. Die Befragten sagten hinterher aus, dass ihnen vom ersten Zuge an frostige Schauer in die Glieder krochen. Fernerhin überkäme sie während des Spiels der übermächtige Zwang, bestimmte Figuren wider aller Schachlogik ungeschlagen zu lassen. Die Finger verweigerten sich schlechthin. Dann wieder gab es weniger ernstzunehmende Stimmen, die äußerten, aus den Augenwinkeln heraus vorbeihuschende Schatten an den Wänden gesehen zu haben, die sich zu bizarren Tänzen zu formieren schienen. All dies sei allenfalls schemenhaft zu erkennen gewesen. Aus all diesen Gründen fand sich im Laufe der Jahre kaum noch jemand, der Lust dazu verspürte, die Figuren setzen zu wollen. So lagen sie staubbedeckt da, bis ausgerechnet Sie danach verlangten. Damit Sie keinen falschen Eindruck von mir gewinnen, muss ich hinzufügen, dass ich der Einzige bin, der nicht von sich aus das Spiel abbrach. Dennoch muss auch ich mich in die Phalanx derer einreihen, denen es nicht vergönnt war, auf diesem Brett eine Schachpartie bis zur Neige auszuspielen", schloss Kaspariow seinen ausführlichen Kommentar.

"Wie ich bereits sagte, ich bin gekommen, das Spiel in ausschöpfender Weise zu Ende zu bringen, damit kein Mythos zurückbleibt, der gleichermaßen als Ausgangs- und Wendepunkt in Gestalt einer unbewältigten Irritation die Wiederkehr des Unvollendeten gestattet", betonte Djawol mit ernster Stimme.

"Sie würden mich damit sehr glücklich machen, werter Herr. So wollen wir uns denn setzen und ohne weitere Förmlichkeit dem Königlichen Spiel die Ehre geben", entgegnete Kaspariow salbungsvoll.

Und so kam es zu einem Treffen der unvereinbaren Positionen. Für Kaspariow war dies ein Spiel mehr, das seinen Ruhm unsterblich machen sollte. Nicht, dass er Djawol für gering erachtete, dafür ging vom

Nämlichen viel zu sehr eine bis ins Kleinste kontrollierte Präsenz aus. Kaspariow war es jedoch schlechterdings gewohnt zu siegen und konnte daher gar nicht anders, als einen verinnerlichten Gleichmut vorzuhalten. Er gab deswegen auch nicht viel auf das, was Djawol über die Ursache seines Kommens gesagt hatte. Kaspariow tat es vielmehr als Ausdrucksform einer ihm unverständlichen Lebensphilosophie ab. Ohnedies wäre er außerstande gewesen, in irgendeiner Weise Einfluss auf einen Streitverlauf zu nehmen, der lange vor seiner Geburt begonnen hatte.

Das Los wies die weißen Steine Djawol zu. Er überlegte nur kurz, hob die Hand und schloss die Finger um den auserwählten Bauern. Ruhevoll und durch nichts zu stören, als hielte er stumme Zwiesprache mit der berührten Figur, schob Djawol den Randbauern auf dem Damenflügel zwei Felder vor.

Allen im Raum stockte der Atem. Der erste Zug Djawols käme für gewöhnlich einem unverzeihlichen Fauxpas gleich. Niemand in der anerkannten Schachwelt eröffnete auf diese Weise, weil ein derartiger Bauernschritt so ziemlich allen gültigen schachtheoretischen Strategieentwicklungen zutiefst widersprach.

Im allerersten Moment war Kaspariow ebenso überrascht wie verwirrt vom seltsamen Zug seines Brettrivalen, aber in der Art, wie Djawol die Figur gesetzt hatte, in einer so unbeschreiblichen Geschlossenheit, als ob der gesamte Körper gleichsam mitginge mit der ausführenden Hand, lag etwas von einem tieferen Wissen. Und so stiegen in Kaspariow Beunruhigung und Nervenspannung auf ein Höchstmaß an. Seine Routiniertheit und innere Gelassenheit ließen ihn diesmal im Stich, denn es gelang ihm in der Folge einfach nicht, das spielerische Naturell seines Gegenübers in verwertbarer Weise einzuschätzen, um daraus etwaige Spielschwächen anzupeilen und unablässig einzukreisen. In seiner Orientierungsnot blieb Kaspariow nichts anderes übrig, als allgemeingültigen Eröffnungsratschlägen zu vertrauen.

Djawol gab ihm indessen nicht die geringste Handhabe, eine der zahlreichen Gambitentwicklungen anzuwenden, die Kaspariows Ruf unsterblich begründeten, und so erkannte er erst jetzt, dass die unabdingbare Voraussetzung für ein Gambit immer auch die Bereitschaft des Gegenspielers erforderte, die dafür notwendigen Verlaufsführungen bereitzustellen. Aber Djawols Spiel war von vornherein so angelegt, dass er noch die kleinste Rückkoppelung verweigerte und dies ungebrochen beibehielt. Kaspariows Spielführung geriet dadurch immer mehr ins Hintertreffen.

"Ich plane den bestmöglichen Zug, halte ein weites Spektrum möglicher Gegenzüge dagegen und möchte meinen, die Rechnung müsste aufgehen. Ich ersinne ein vorausberechnetes Gefüge aus kombinierten Zugfolgen, aber wieviel Mühe ich auch darauf verwende, im wirklichen Spielablauf fehlt meinen Entwürfen stets das stützende Element. Mein Planen wird so unweigerlich zum Hirngespinst. Sie gehen schlicht an meinen Plänen vorbei und sind doch in Ihren Aktionen treffsicherer, als ich es je für möglich gehalten habe", konstatierte Kaspariow mit verzweifeltem Gesichtsausdruck.

"Sie beschwören die Unendlichkeit herauf in der Hoffnung, das Genie Ihres Zählvermögens müsste Ihnen den Schlüssel in die Hand geben. Das ist Ihre ureigene Fessel und Behinderung. Was auf diesem Brett durch die figürlichen Verfassungen festgehalten werden soll, ist der lächerliche wie gleichermaßen vergebliche Versuch, den längst vergangenen Momenten oder Werdegängen und damit der unterstellten Kontinuität der Gedanken Gestalt zu verleihen, und dann tun Sie so, als hätten Sie dies der Unendlichkeit tatsächlich abgetrotzt", erwiderte Djawol in einem gefassten Tonfall.

Er kommentierte das Spielgeschehen, ohne dass Tadel oder gar Hochmut in seiner Stimme gelegen hätten. Vielmehr brachte er mit eingehendem Sprachgefühl und messerscharfem Sachverstand die Hinfälligkeiten auf den Punkt. Das Spiel wurde fortgesetzt, aber es zeichnete sich immer deutlicher ab, dass auf diesem Brett ausschließlich Djawol die Zügel in den Händen hielt. Sein positionelles und strategisches Übergewicht wie auch das taktische Vermögen standen außer Frage, aber all dies ließ sich dennoch nicht in einen Kontext zwingen.

"Der wunderliche Gang Ihrer Figuren um einen mir entrückten Sinn, der macht, dass meiner Figuren Zahl Stück für Stück verrinnt! Verzeihen Sie mir diesen poetischen Einstand, doch ich verliere zusehends meine Fassung. Wo ich Sie packen will, da stoße ich ins Leere und weiche zurück, immerfort nur zurück. Sie gehen zudem so kompakt vor, dass, wagte ich es auch nur, einen Ihrer Steine zu rauben, ich zweifach, nein, dreifach an Material verlustig gehen würde", lamentierte Kaspariow.

Seine Gesichtszüge wirkten mittlerweile grau und erbärmlich. Das Spiel spitzte sich nun rasch zu, als die weißen Steine sich geschlossen zum Mattangriff formierten. Kaspariows Rochadestellung war inzwischen von den gegnerischen Steinen lückenlos umzingelt. Eine Gegenwehr war daher illusorisch geworden, zumal im Gegensatz zu Djawols Steinen kaum noch schwarze Figuren auf dem Brett standen.

"Die Zeit ist reif, den Abschluss einzuläuten. Und wie es sich für das Teufels-Gambit gehört, kündige ich an dieser Stelle ein Matt in 13 Zügen an."

Kaspariows Begleiter, die schweigend und mit bangem Herzen mitansehen mussten, wie ihr König entthront wurde, packte ob der wundersamen Reden Djawols das Entsetzen, und sie begannen, langsam in Richtung der Eisentür zurückzuweichen.

"Wenn es ums Auslöffeln geht und der Sieg verrinnt, ergreift der Tross das Hasenpanier, nicht wahr, meine Herren?", wandte Djawol ihnen das Gesicht zu, und als er die Lippen spitzte, als wollte er ein Kerzenlicht auslöschen, stürzten sie allesamt aus dem Zimmer.

Kaspariow bemerkte in seinem Elend nichts davon. Mit sorgenumwölkter Stirn beugte er sich über das Brett und stöhnte: "Wer sind Sie, dass Sie partout nicht *gegen* mich spielen? Ich finde keinen Anhaltspunkt in Ihrem Spiel. Wie kann es sein, dass Ihre Front bereits siegreich ist, wo ich noch kein Banner gezeigt habe? Ich bin überrannt, noch ehe ich mein Schwert ziehen konnte. Sie machen einen kompletten Narren aus mir", schluchzte er heftig.

"Einen Narren nennen Sie sich, und Sie tun wohl daran, denn nur noch dieser Titel steht zwischen Ihnen und der Welt. Sagte ich Ihnen nicht mehrere Male, dass ich im Grunde genommen kein Schach spiele." Djawol hielt einen Moment inne. Eine kälteklirrende Luft breitete sich im Raum aus. Dann hub Djawol erneut an zu sprechen, und gewaltig war seine Stimme. "Seit Jahrtausenden schreit das Blut der Erschlagenen nach Vergeltung, mahlen sich die Kiefer mächtiger Gebirge durch die Gebeine der Zeit, während unterirdische Ströme tiefe Wunden in die Eingeweide der Erde reißen. Ein unwirtlicher Ort ist diese Heimstätte des Schergen Tod." Djawols Stimme, die eben noch heftig im Raum widerhallte, senkte sich zu einem markgefrierenden Flüstern: "Die Ahnen kommen flugs, wenn der Teufel sein Gambit spielt und dabei die Welt aus den Angeln hebt."

Kaspariow tief in die Augen blickend, wechselte er plötzlich in eine vertrauliche Anrede. "Du dagegen willst der Vernunft als dem angeblich höchsten Wissensstand des Menschen auf dem Schachbrett einen Altar errichten. Hoffst du allen Ernstes, Ordnungen im Universum zu begründen, die die unermessliche Zerstörung, den Brand von Feuer und Eis, der sich über alle Weltecken spannt, auf 64 Felder begrenzen zu können? Wie verlogen du doch bist! Du liebst allein das Joch deiner Schwestern und Brüder. Hast du dich nie gefragt, aus welchem Grund niemand bis zum heutigen Tag imstande war, den Streit zu vervollkommnen, den du in deiner Verkennung eine Partie nennst? Ich sage dazu das Schach der Finsternis. Ich bin gekommen wider alle Gewalt. Mein Reich ist nicht von dieser Welt, denn ich bin der Tod-Feind von Anbeginn der Zeit."

Ohne sichtbaren Stoß oder der Einwirkung einer Hand schlug Kaspariows König krachend und erdbebenpolternd auf das nie zu zerstörende Brett allen Beginns hernieder.

Eine Sommernachts-Querele

Nun, bis Tages Wiederkehr,
Elfen, schwärmt im Haus umher!
William Shakespeare

Prolog

O doch, doch, doch! Aller anderslautenden Beteuerung zum Trotz: Die Welt ist eine Schnupftabakdose in der Westentasche an eines geputzten Advokaten Rock, manchmal auch eine gottgefällige Inschrift auf dem silberbeschlagenen Griff eines alten Priesters Spazierstockes. Zwischen Schlaf und Wachen spannt sich ein Missverständnis, dazu da, in der Seele des Menschen eine uralte Furcht vergessen zu machen: Dass in den Regionen der Rastlosigkeit nicht nur, was wir gewohnt sind, Träume zu nennen, unterwegs sind. Wir ahnen unseren Irrtum und geben den Ängsten, die unsere trügerische Hoffnung umschleichen, abergläubische Namen oder heißen sie schlicht irrational. Und doch schrecken wir davor zurück, wenn uns ein namenloser Blick aus den Abgründen des kommenden Elends trifft.

William Shakespeare: Ein Sommernachtstraum,
in der Übersetzung von August Wilhelm von Schlegel,
Projekt Gutenberg-DE

In Nächten, wenn ein Mensch im Schlaf sich krümmt und wälzt in seiner Unruh', bis sich die Falten seines Antlitzes kreuz und quer so legen, dass aus dem Gewühle nicht mehr herausguckt als ein Auge und ein Nasenloch, kann es geschehen und ich will 's beschwören, dass die nächtliche Luft über dem Schläfer unversehens zu einem gespenstischen Bahnsteig zusammenschmilzt. Und aus der Ferne quillt ein dumpfer Ton hervor, zuerst leise wie das entnervende Klopfen eines Fingers auf einer Tischplatte, das in das Krächzen gequälter Musikinstrumente überspringt und klingt wie die Ankündigung eines noch nicht geschriebenen Menetekels, um sich sodann mit jedem weiteren Verschlingen des Raumes zum ohrenbetäubenden Heranrollen einer Lokomotive auszuwachsen.

Doch nicht über erdverbundene Schienen rauscht das Gefährt, das sich da naht - ein gedankenschneller Flug durch die Lüfte verkürzt die Ankunft seiner geheimnisumwitterten Reise. Obwohl im Wuchs kaum größer als eine Grille, speit das Ungetüm dichten gelblichen Dampf in den Mondschein aus, als es jäh die Wolken durchbricht und seine ganze verletzende Abscheulichkeit zum Vorschein kommt. Ein unförmiges Ding, schwarzglänzend wie eine Tinktur der Hölle, ist es geschmiedet aus der Rüstung eines Hirschhornkäfers und in der ganzen Länge überdeckt mit Glühwürmchen, was, wenn der Nachtwind sie nach und nach abschüttelt, einen irrlichternden Schweif hinter sich her zieht; und an seinen hohlen Flanken flattern winzige Fledermausflügel, die sind mit Spinnweben verklebt und spornen den Nachtflug zur Eile an. So jagt die Lok, spitz wie eine Hyänenschnauze, durch den fliehenden Äther hinab auf ihr Ziel.

Auf Höhe der Bahnhofsstation, kaum eine Handbreit über des Schläfers Stirn, kommt die Geisterfahrt zum Stillstand. Sogleich entsteigt dem letzten Waggon ein in schwarzes Tuch gekleideter Mann mit einem Hut aus Silberstreif. In früheren Tagen pflegten Reisende seiner Art weniger kapriziöse Transportmittel zu benutzen. Sie ritten auf wunderlichen Fabelwesen oder sprangen auf Blitze und Winde, tauchten aus bodennahen Schatten auf oder durchquerten die schwindelnden Weiten der Spiegelreiche. Es sind halt moderne Zeiten. Über die Herkunft des Unbekannten schweigen die Wächter der Mysterien, nur dass er von Anbeginn an der Zeiten Dämmerungen aufsucht, hat sich als Relikt in den verstaubten Überlieferungen erhalten. Und wie er nun die Luft hinuntersteigt, als wäre sie eine Treppe aus Stein, und einen Wald von Haaren durchschreitet, dringt er schließlich durch des Schläfers Ohr in einen engen Raum aus Denken, Fühlen, Hoffen, Sehnen, kurzum: in eines Traumes Labyrinth.

*

Irgendetwas hatte Zacharias aus dem zähen Nachdenken, das seine Sinne schlafend umfangen hielt, aufgeschreckt. Er musste eingenickt sein. Vielleicht hatten ihn Klopfzeichen in den Träumen aufgeweckt. Irritiert schaute er sich nach allen Seiten um, wie um sich zu vergegenwärtigen, wo er sich gerade befand. Der alte Mann strich sich mit seiner knöchernen, wie mit fleckigem Leder überzogenen Hand über die Ohrmuschel, die scheußlich zu jucken angefangen hatte. Als er endlich begriff, dass er in der Wohnstube war, seufzte er schwer auf und ordnete seine Gedanken. Kurz darauf beugte er sich wieder über das mit hellen und dunklen Feldern karierte Brett, das vor seinen Augen auf dem Kirschholztisch im Flackern der vielen Kerzenlichter fast zu tanzen schien.

Eine schwüle Sommernacht lag über dem kleinen Häuschen mit dem strohgedeckten Dach, darin Zacharias für sich alleine saß, während draußen am nachtschwarzen Himmel blinkende Sterne ihr scheues Licht über die sanft geschwungenen Hügel verstreuten, nahe an einem Waldstück, unweit der Stadt, die an den Ufern eines leise flüsternden Flusses als blasse Silhouette hinter einem aufragenden Gebirge hervorlugte.

An der ihm gegenüberliegenden kargen, schmucklosen Wand zeichneten sich im schwachen Licht der wachsbleichen Kerzen die Konturen seines Körpers ab - ein gebeugter Torso mit einem klobigen, wie aus einem Stück Holz gehauenen Schädel, der auf flachen Schultern ruhte -, seltsam verschmolzen mit umherhuschenden Schemen zum Schatten eines Mannes mit steifem Hut. Komisch, dachte Zacharias, ich trage doch gar keine Kopfbedeckung. In seiner Verwunderung nahm er einen Schluck Tee zu sich und spürte aufs angenehmste, wie sich die Wärme des heißen Getränks über seine Glieder verbreitete. Als er wieder zur Wand hinsah, war der wirre Eindruck auch schon verflogen.

Zacharias spielte Schach, und sein Gegner war jene altvertraute, langsam aus dunklen Stubenwinkeln hervorkriechende Einsamkeit, ein stummes Gespenst ohne Blut und Leben und der einzige Gast, der ihm in den Nächten seine Aufwartung machte, sommers wie winters, im Frühling ebenso wie im windzerzausten Herbst, wenn über die Klippen des weit entfernten Meeres drohgewaltige Stürme ihre schrecklichen Gesänge in den Himmel schleuderten.

Zitternd zuckte Zacharias' Hand vor, umschloss einen Bauern und rückte ihn zwei Felder nach vorne. Seine dünnen Lippen öffneten sich dabei um einen Spaltbreit, dass nicht mehr hindurchschlüpfen konnte als ein paar leis gehauchte Worte, die offenbar lang in ihm in Gärung gelegen hatten, nun aber mit einer ruhevollen Würde und Wohlüberlegtheit, gewissermaßen als Inventar eines alten Menschen, zugleich mit der verbrauchten Luft in den Raum hinausstoben. Zacharias raunte also in die Stille des Zimmers hinein: "Das Leben ist die Bühne eines Traums, der unerweckt in den Hirnwindungen verschimmelt und der Schauspieler harrt."

Dann, im allernächsten Moment, als würde sich ein schweres Tuch über seine Gedanken legen, hatte er bereits vergessen, was er eben noch ausgesprochen, konnte sich nicht einmal mehr erinnern, überhaupt die Lippen zu einem Murmeln bewegt zu haben. Er war nicht senil, keineswegs, obwohl er mit seinem siebzigsten Geburtstag aufgehört hatte, seinem Gedächtnis die Zumutung des Zählens aufzubürden, nur eben arm an Gesellschaft. Beides wird ja oft und tragischerweise miteinander verwechselt.

Sein starrer gefühlloser Blick heftete sich auf die Figur, die er eben gezogen, aus weißem geschliffenen Lavezstein mit einem zierlichen Elfengesicht, spitzen Ohren, lustigen Augen. In der Hand hielt sie einen Wanderstab, an dessen oberem Ende ein Weidenzweig blühend emporrankte. Alle Figuren auf dem Brett, mit eigener Hand angefertigt, waren seiner Phantasie entsprungen: Drachen, Zauberer, Feengestalten, Krieger mit schweren Rüstungen und Kaufleute, die Dukaten in den Fingern hielten.

Nachdem seine Hand wieder unschlüssig an den Brettrand zurückgekehrt war, fiel Zacharias in ein tiefes Grübeln. Seine Atemzüge rasselten durch den halbdunklen Äther des Raums wie das Echo seines eigenen Schicksals. Im Geiste sann Zacharias über Vergangenes nach, wie er es immer tat, wenn er seinen nächsten Zug bedachte. Er sah Bilder vor sich auftauchen im Sonnenschein glücklicherer Tage, als seine Frau noch lebte. Ja, Käthe war von ihm gegangen, hinweggerafft von einer schweren unheilbaren Krankheit. Die Dame auf dem Brett mit dem weißen Kleid und dem hochgesteckten Haar mit der Silbernadel darin und einem Lächeln auf den Lippen wie von wüstenheißen Sonnengluten trug ihr Gesicht.

Viele Jahre waren seitdem wie Seenebel, die ins Land ziehen und wieder unbemerkt verschwinden, an seiner Seele vorbeigewandert, hatten sein Gedächtnis getrübt und seinen Lebensmut rissig werden lassen. Flüchtig wie Tau, der von der sengenden Glut der Mittagssonne aufgeleckt wird, vergingen auch seine Tage in der Wiederkehr immer gleicher Abläufe. Um nicht gänzlich der Verzagtheit anheimzufallen, hatte es sich Zacharias zur Gewohnheit gemacht, jede Nacht eine Partie gegen sich selbst zu spielen, und er hörte nicht auf, ehe der letzte Zug getan und sein Geisteswerk vollbracht war. Die Geduld, über weite Strecken bei einer Sache zu bleiben, hatte er sich in vielen ungezählten Nächten erworben und zu einem Goldschatz aufgehäuft. Diese Aufgabe verlieh denn auch seinem Leben den notwendigen Halt, die Verrichtungen des Tages durchzustehen, und war doch zu dürftig, um die stillen Seufzer in seiner Brust festzuzurren.

Gleichwohl half ihm das allabendliche Spiel wie eine zauberwirksame Arznei gegen die schleichende Schar von Plagen, die mit dem Älterwerden nicht nur die Geschmeidigkeit der Gelenke rosten ließen, sondern gleichermaßen die Fundamente seines Willens auszuhöhlen drohten. Wehrhaft zu sein gegen den Wundbrand dornenreicher Seelenqualen war sein philosophischer Stolz. Denn Zacharias war ein gebildeter Mann. Er hatte Philologie studiert und später Philosophie gelehrt, als er noch in den Diensten der Universität stand, doch seit Käthes Tod war ihm die Lust vergangen, seine Studenten von den Grundprämissen folgerichtigen Denkens überzeugen zu wollen. Graue Morgennebel schwebten meist schon durch die hoch hängenden Zweige des Ahornbaumes vor seinem Haus, wenn er sich von seinem Stuhl erhob und mit vor Schmerz aufheulenden rheumatischen Gliedern zu Bette ging.

Links von ihm, ungefähr zwei Schritte von der Stubentür entfernt, hing über einer hüfthohen Regalwand, die beladen war mit allerlei Büchern und alten Folianten, die er in Antiquariaten über das ganze Land verstreut aufgestöbert hatte, eine Reihe von alten Fotografien, sorgsam eingebettet in golden verzierte Holzrahmen. Hinter dem matten Glas schauten berühmte Schachmeister hervor: Aljechin, Lasker, Nimzowitsch und andere, die er zwar nie persönlich kennengelernt noch mit eigenen Augen gesehen, aber deren Genie ihm stets Bewunderung und höchste Ehrfurcht abgerungen hatte. Wäre sein Leben anders verlaufen, nicht durch frühe Heirat und akademischen Berufsweg derart eingezäunt gewesen, vielleicht hätte er es über den Novizenstand und gelegentliche Schachabende mit Freunden hinaus zu einem wackeren Ritter der 64 Felder gebracht. An Leidenschaft hat es ihm nie gemangelt.

Im Herzen hegte er ein besonderes Kleinod, unvergesslich wie ein Segensspruch und schöner als jeder Regenbogen. Freude durchströmte stets sein altes

Blut, wenn er in einsamen Stunden daran zurückdachte, dass er mit dem begnadeten Michail Tal einmal in einer Simultanpartie die Klingen gekreuzt hatte. Für den Rigaer Zauberer war er sicherlich nicht mehr gewesen als ein Gesicht unter vielen, doch ihm schoss seinerzeit der Puls in die Höhe, seine Nerven vibrierten wie gespannte Drahtseile und unter der Erregtheit des Treffens schien sein Brustkorb fast zu zersprengen. Dass er sang- und klanglos unterging wie ein Boot auf dem offenen Meer, obgleich er bis zuletzt die Hoffnung hochhielt, dem Fehdehandschuh einigermaßen gerecht werden zu können, vielleicht gar ein Remis vom Zufall zu stibitzen, um es zum ewigen Angedenken in seiner Seele zu hüten, hatte nicht den Abdruck der Entmutigung in seinem Gedächtnis hinterlassen. Ganz im Gegenteil: Dem hohen Geist dieses kettenrauchenden und Spirituosen aller Art verfallenen Weltmeisters ein paar Momente der Aufmerksamkeit abgetrotzt zu haben, rechnete er sich als persönliches Verdienst an.

Ein Geräusch riss Zacharias aus den umtriebigen Gedanken. Jetzt, wo er die Ohren spitzte und weit in den Raum hineinhorchte, glaubte er das Schleichen samtener Pfoten vernommen zu haben. Hatte etwa eine streunende Katze den Weg ins Haus gefunden? Nein, das war unmöglich. Er hatte die Türen eigenhändig verschlossen, wie er es immer tat, bevor er sich ans Brett setzte. Oder tropfte wieder einmal der Wasserhahn im Badezimmer? In sein Bewusstsein trat ein überzeugendes Bild: Der Klempner hatte erst vor kurzem das Gewinde repariert. Wenn er noch einmal die zerstückelte Erinnerung, sei es leises Pochen, widerborstiges Kratzen oder was es auch immer gewesen sein mochte, in sich wachrief und aus den halb vergessenen Überresten in seinem Kopf ein ungefähres Stimmungsbild auferstehen ließ, ja, es war nicht zu leugnen, dann hatte das Geräusch tatsächlich etwas von der Vertrautheit eines Flüsterns an sich gehabt.

Bei diesem verschrobenen Gedanken musste Zacharias innerlich lächeln: Daran, dass Schatten schwatzten, indem sie die Luft zu Worten gerinnen ließen, konnte nur glauben, sinnierte er, wer solch ein schwindköpfiger Narr und Einsiedler war wie er. Da streifte sein Blick plötzlich den schweren Wandspiegel über der wurmstichigen Kommode. Zacharias stockte der Atem und Runzeln traten auf seine Stirn. Auf dem Glas schien ein grüner See zu schimmern, als hätte der Spiegel vom Opalglanz des in die Stube hineinspähenden Mondes getrunken.

Auf Zacharias' Mienenspiel trat eine Gebärde, die im Entferntesten nicht zu enträtseln war und die ganze Spannweite von Zorn bis Erstaunen ausdrücken konnte, ein Antlitz, mehr Larve als ein Abbild von Gedanken, vielleicht auch nur einer zufälligen Laune entsprungen, dass er in dem Moment von Dingen träumte, die ihre Bedeutung längst verloren hatten in der realen Welt und so zwischen Schlaf und Erwachen herumgeisterten. Durch Zacharias ging ein Ruck, dann hatte er seine alte Besonnenheit zurückerlangt und konzentrierte sich wieder auf sein Spiel.

Mechanisch fuhr seine Hand nach vorne, um einen schwarzen Bauern zu ergreifen, als plötzlich ein feines Schwirren in der Luft seine Aufmerksamkeit bannte. Gehetzt fuhren seine Augen bald hierhin, bald dorthin, um die Ursache für die Störung ausfindig zu machen, aber seine Blicke kehrten ohne Beute und Wissen zurück. Er kratzte sich verlegen am Kinn, grunzte und wollte erneut nach einer Figur greifen, als sich eine Fliege von zartem Wuchs und grauem Fell, aber aufdringlich surrendem Ton mitten auf das Brett setzte. Dort verharrte sie ganz regungslos und glich einem schmutzigen Fleck, der unbedingt entfernt werden musste, denn Zacharias hasste Unordnung auf dem Schachbrett wie die Hölle selbst. Fast schien es, als würde ihn das freche Insekt unentwegt anglotzen und zu einer bestimmten Reaktion verleiten wollen.

Da sich der kleine Störenfried so gar nicht regte und auch sonst keine Anstalten machte, sich durch sein Verschwinden für die Unterbrechung der Partie zu entschuldigen, dachte Zacharias bei sich, nun gut, dann setze ich den schwarzen Bauern eben auf das Feld mit der Fliege. Ohnehin war ihm der ursprüngliche Zug, den er ziehen wollte, inzwischen längst entfallen. Die Fliege flog, als sich die kleine Elfengestalt ihr näherte, aufgeregt davon. Zacharias lächelte versonnen ob seines Sieges über die dreiste Stubenfliege und grübelte dann angestrengt über seinen nächsten Zug nach.

Ein mächtiger Reiz und Magnetismus ging von diesem Spiel mit sich selbst aus. Nicht nur die quälend lange Nacht wurde so aufs Sinnreichste verkürzt, die ohnehin keinen geruhsamen Schlaf in seine Augen brachte, es hielt zudem seinen Geist jung und beweglich, verlieh seinen Gedanken Schärfe und seinem Gemüt eine innere Zufriedenheit in der Schwebe der Selbstvergessenheit. In diesem Refugium der Ordnung verblasste der Lärm der Welt hinter Nebeln der Abgeschiedenheit. Von solcher Sinnesart waren auch Schachspieler im Turnier und Wettkampf: Ein Mann im Gorillakostüm könnte in den Gängen zwischen den Tischen herumtollen und sich wild auf die haarige Brust trommeln, und doch würde er nicht die geringste Aufmerksamkeit erregen. Vertieft in die eigenen Gedanken hörten und sahen die Schachjünger nichts, weil für sie außerhalb der grübelnden Stirn schlichtweg keine Welt existierte.

Zacharias hatte sich entschieden. Der Springer in Gestalt eines Drachen hüpfte zwei Reihen vor und platzierte sich rechts vom weißen König. Das Drachenmaul spie eine winzige rötliche Flamme aus. Er liebte diese Figur ganz besonders. Obwohl Zacharias natürlich stets im Voraus wusste, welchen Gegenzug die schwarze Seite als nächstes machen würde, munterte ihn doch die Ergötzlichkeit auf, so zu tun, als wüsste er es nicht, und rieb sich, sobald Schwarz zog, kindlich vergnügt und mit gespielter Verblüffung am Kinn und hauchte "Soso!"

Dass er mit diesem Mummenschanz den Faktor der Herausforderung untergrub, der einem geistigen Kampf erst die außerplanmäßige Würze und drangvolle Motivation verlieh, bekümmerte ihn keinesfalls. Solange er das Moment einer essentiellen Störung von dem, was er tat und dachte, fernhielt, fiel nie der düstere Vorhang einer Verärgerung über sein hageres Gesicht. Nie beschlich ihn Trauer oder Wut, in dieser Welt des Gleichklangs aller Gefühle tauchte die eklige Fratze einer noch so kleinsten Verstimmung einfach nicht auf. Auch verirrten sich in seine gewohnten Handlungsstränge niemals Risse, die, wie er allen Ernstes befürchtete, unweigerlich zu einer Querele mit kapitalen Konsequenzen führen mussten. Er gewann und verlor, war aber stets Herr im eigenen Hause. Das Spiel blieb von Anfang bis Ende im Lot seines eigenen unerschütterlichen Denkens, fest wie eine Planetenbahn.

Wie er so über den Zug für die Gegenseite nachsann, stürzte die Fliege plötzlich erneut aus dem Halbdunkel des Raumes herab und landete auf einem schwarzen Springer. Putzmunter krabbelte sie über die Kontur der Figur, als müsste sie ihre Identität erst ertasten. Dann, nach kurzem Besinnen, flog sie absichtsvoll, wie es schien, von dort auf ein freistehendes Feld auf dem Brett herunter.

"Hä, hä", murrte der alte Zacharias, "will denn das kleine, dumme Geschöpf in seiner Launenhaftigkeit etwa Schach mit mir spielen? Nun gut, ich werde also den Springer setzen. Es kostet mich weniger als ein Lächeln."

Die Fliege blinzelte mit ihren großen Facettenaugen und schwirrte auf den Brettrand, wo sie sich mit ihren feinen Fühlern ausgiebig über die Kopfhaare strich. Nun geschah etwas Seltsames. Immer wenn Zacharias einen Zug für die weißen Steine ausführte, hob die Fliege von ihrem Platz ab, landete auf einer Figur und dann auf einem freien Feld. Was zunächst wie stolpernder Zufall wirkte, wie eine unabsichtliche Bewegung ohne tieferen Sinn, nahm auf dem matt glänzenden Brett tatsächlich die Form einer zwar skurrilen, aber nichtsdestotrotz irgendwie durchdachten Schachpartie an. All seine Züge wurden von diesem Getier mit solcher Geistesschärfe erwidert, dass Zacharias zunehmend ins Staunen und Straucheln geriet. "Glaubst du etwa, dass deine Züge meine Stirn altern lassen?", rief er aus.

Sichtlich erregt ob dieser Wunderlichkeit, hielt Zacharias inne und musterte die Fliege nun mit argwöhnischem Blick. Ein seltsamer Widerwille regte sich in ihm. Er konnte und wollte nicht glauben, dass hinter dem grau bepelzten Insektenkopf ein produktiver Verstand arbeitete, der imstande sein sollte, eine Schachpartie mit der erforderlichen strategischen Disziplin zu meistern. Eine andere, dienlichere Erklärung musste her. Zacharias spitzte die Lippen und sagte, sich selber über den Einfall wundernd, also zur Fliege: "Bist du zuletzt gar ein reinkarnierter Schachmeister und willst mich zum Narren halten!"

Die Fliege war offensichtlich eingeschüchtert, denn sie verharrte auf ihrem Platz, obwohl sie eigentlich am Zuge gewesen wäre, und machte überhaupt einen sehr betretenen Eindruck. Zacharias grinste hämisch. "Meister Fliegenpelz, die Stellung geht wohl über deinen mickrigen Verstand, wie?"

Just in diesem Augenblick plumpste von der Zimmerdecke etwas winzig Zusammengeballtes herab auf das Brett, schwarz und rund und mit kleinen borstigen Fortsätzen, und plötzlich stachen aus der Kugel acht lange beharrte Beinchen hervor - ein Spinnentier. Langsam sich aufrichtend kroch die Spinne zwischen den Figuren zielstrebig zum schwarzen Läufer hin, kletterte hinauf und spann von dort oben einen Faden herunter auf ein leeres Feld. Mit einer unbeschreiblichen Grazie, die ein gewisses Frohlocken zum Ausdruck brachte, so schien es zumindest Zacharias, hangelte sich das Spinnenwesen dann am Silberfaden herunter und verschwand hurtig aus dem Lichtkreis der Kerzen in die rettende Schwärze jenseits des Tisches. Offenbar hatte die Spinne nicht die Absicht, mehr als ebendiesen Zug zu verraten. Vielleicht fürchtete sie aber auch die zuschlagende Hand des Menschen.

Zacharias betrachtete voller Verwunderung den Spinnenfaden, der die Koordinaten für den nächsten Zug markierte. "Was du erdacht an Schlichen, haariger Wicht, nie wird es auferstehen, den Mond zu grüßen in dieser Nacht. Ein Spinnenbein setzt mich nicht Matt. Verkriech' dich, wo du willst, Geselle dunkler Zimmernischen, ich werde dich im eigenen Netz zappeln lassen!"

Erschöpft von seinem Wutausbruch, der die Grenzen seiner wertgeschätzten Gelassenheit wund rieb, blickte er ratlos zum Fenster hinaus auf den silbernen Sommernachtsmond, der, das runde Kinn auf weichen Wolken aufgestützt, das seltsame Spiel in der Stube beobachtete und Zacharias' maßlose Verblüffung mit einem schelmischen Grinsen bedachte. Verärgert über diesen unverhohlenen Spott wandte Zacharias seine Augen vom Nachtkobold ab und führte schließlich voller Verdrossenheit den Spinnenzug aus. "Ich werde mich doch nicht von Fliege und Spinne besiegen lassen", grummelte er vor sich hin und starrte verbissen auf die Figuren. "Alles nur Zufall, sonst nichts! Für diesen Bart braucht man keinen Barbier."

Schließlich machte er seinen Zug und war doch insgeheim ein wenig traurig über das Verschwinden der Fliege, die das Weite gesucht hatte, und der Spinne, der die Nähe zum Menschen etwas unheimlich war. Durch das halboffene Westfenster drang mit einem Mal ein feiner Luftzug, der Zacharias den Kopf heben ließ, und er sah, wie die zum Fensterrand hochragenden Zweige des Pfaffenhuts leise zitterten. Mit dem Windhauch schlich sich auch der zitronensaure Geruch der Nachtkerzen ins Zimmer, Geschöpfe von unverwüstlicher Lebensgier und darin verwandt mit verhärmten alten Jungfern, dass sie selbst auf der Krume ärmster Böden, die anderen Pflanzen keinen Trost noch ein Gedeihen schenkten, wachsen konnten. Zarter Blütenduft legte sich auf die Zimmermöbel und vom Alter verschlissenen Tapeten, auf Gipsfiguren, Vasen aus Bleikristall und andere seltene Sammlerstücke, die er auf seinen Reisen oder auf Trödelmärkten früher einmal erstanden hatte, die nun jedoch, stumm wie der Mund von Marionetten, nicht einmal mehr in Erinnerungen zu ihm sprachen. Die Rosenwange freudvoller Tage war schon lange dahingewelkt.

Als die Vorhänge sich bauschten, schüttelte Zacharias den Kopf und dachte bei sich: 'Der Wind vertreibt meine Gedanken, ich sollte das Fenster schließen.' Ehe er seinen Vorsatz umsetzen konnte, kam ihm jedoch eine Erinnerung in die Quere. Wehmütig dachte er daran, wie sehr Käthe den Garten geliebt hatte und dass sie, lebte sie noch, ihn wohl ausschimpfen würde, weil er alles hatte verwildern lassen. Während er so in Gedanken schwelgte, erhielt Zacharias plötzlich von der Seite einen Stups. Benno, sein alter, hüftlahmer Bernhardinerhund, hatte sich hinter dem Ofen aufgerafft und blickte nun mit treuseligen Hundeaugen zu seinem Herrchen auf.

"Was willst du denn, Benno, hast dich doch früher nie für mein Schachspiel interessiert?"

Benno zog die Lefzen zu einem langen Gähnen zurück, warf dann den Kopf in den Nacken und die Schnauze über den Tischrand, und nachdem sein glasiger Blick die Figuren auf dem Brett lange und gründlich studiert hatte, schob er mit feuchter Nase den schwarzen Turm um zwei Felder nach vorne.

"Jetzt reicht es aber!", brummte Zacharias. "Ab ins Körbchen, aber dalli! Das wird ja immer bunter, selbst mein eigener Hund verbündet sich mit der Verräterbrut. Ha! Den Turm hast du gesetzt. Was macht das schon! Dann schlage ich ihn eben mit meinem Läufer!"

Benno ließ den Kopf traurig hängen und trottete davon. Insgeheim dachte er bei sich, was sind die Menschen doch für eine selbstgefällige Art von Lebewesen.

Zacharias aber war auf dem Höhepunkt seines Triumphes. Durch seine Adern rauschte das Blut so heftig wie die Blätter eines Erlenbaums im Sturme. Hochaufgerichteten Hauptes, aus fiebrigen Augen, in denen die Freude höchster Siegesgewissheit in hellen Flammen aufglänzte, stieß sein kühner Adlerblick wie der eines admirablen Feldherrn der Geschichte auf das Schlachtfeld herab, darin die unausrottbaren Zeichen seines Ehrendünkels eingebrannt waren mit der Weißglut menschlichen Überlegenheitsgefühls.

Zacharias erhob sich würdevoll und stammelte hervor: "Nie wird es geschehen, dass Spatzen über Adler spotten, und mag auch der Rabe heiser krächzen und sich in Orakeln üben, wenn Stürme heranfegen, versteckt er sein Gefieder doch im Geäst des

Baumes, der den Winden trotzt." Dieser Abend erfüllte wieder einmal all seine Erwartungen. Er war zufrieden mit sich selbst und dachte schon gar nicht mehr an den seltsam irritierenden Spuk, als ein Glucksen und Blubbern an seine Ohren drang.

Die Geräusche wiederholten sich. Sie kamen von seiner Rechten. Dorthin drehte er nun den Kopf und sah, wie sein Goldfisch Tobias den Mund gegen die Wasseroberfläche legte und schmatzende Laute hervorpresste.

Und es hörte sich an ... wie ... Zacharias schwindelte ... wie: "Matt in ... sieben Zügen!"

Zacharias sank hilflos wie eine an den Fäden durchtrennte Marionette hernieder auf den Stuhl. Tobias indes wendete ihm mit lässiger Flossenbewegung den Rücken zu und schwamm davon. Als Goldfisch war er über derlei Nichtigkeiten lange schon erhaben.

Draußen klopfte der Wind gegen das klapprige Scheunentor, die Sterne fielen verlöschend vom Himmel. Die Nacht beugte sich dem rauen Tag. Schon brach das Morgenlicht in langen gelben Streifen durch den Tau der grauen Dämmerung. Langsam, aber unwiderruflich verwehte die zauberische Nacht.

Und Zacharias? Nun, das Geheimnis des ominösen siebenzügigen Mattweges auf dem Brett zu enträtseln, verschlang die kommenden Tage und Wochen.

Je mehr er sich mühte, desto größer klaffte die Lücke zwischen Erfolg und Misslingen. Nur die Furchen, die stilles Wehklagen hervorrief, gruben sich tiefer und tiefer in seine Stirn hinein. Verbittert von der Vorstellung, niedere Kreaturen, weit unter Adams Stammbaum, könnten das Siegel der Urteilskraft in ihren Besitz gebracht, gar durch bloße Beobachtung die Regeln des Königlichen Spiels entdeckt und über jede Nachahmung hinaus eine neue Stufe erklommen haben in der Weihe zur Meisterschaft, bereitete ihm fast körperliches Unbehagen. So verbrachte er die Zeit zwischen Morgenröte und Sternenlicht fortan mit starrem Tagesgrübeln und fliehendem Nachtgeflüster. Ein Kieselstein auf dem Wege ärgerte ihn, zu weit, um ihn zu erreichen, und doch nah genug, um seinen Schritt zu hemmen.

Oft sprach er verworrenes Zeug, mit halbem Sinn nur und umwölkt vom Schatten einer tiefen Furcht, die gespenstergleich seine Gedanken plünderte. Zuweilen, wenn Launen seine Geduld beugten, schlich er auf die andere Tischseite und warf lange gequälte Blicke auf die Stellung von den schwarzen Steinen aus, ob das Auge im Vertauschen der Richtung ihm vielleicht die erbarmungswürdige Lösung brächte. Vor seinen Blicken begann sich das Brett in rasender Hast wie ein Kreisel auf einem spitzen Punkt zu drehen. Die Figuren wirbelten umher, wechselten die Plätze in atemberaubender Eile zu neuen Formationen und koboldhaften Tänzen. Doch die Riegel im Raum unendlicher Rätsel blieben verschlossen. Was Zacharias auch an Zugfolgen im Kopf ersann, des Orakels Geheimnis schwieg, der gordische Knoten hielt seinem Schwertstreich stand.

Wie eine Zecke warf sich die Zahl Sieben auf Zacharias und saugte an seinem Blut, beherrschte sein Denken mit solcher Wucht und ungezügelter Wahnhaftigkeit, dass er darüber in eine Geistesschwäche verfiel. Von den Wänden grinste stumm ein boshaftes Lächeln zu ihm zurück, die Zimmerdecke knackte laut und geräuschvoll ihn verhöhnend, die Fensterscheiben klirrten vor kalter Spottlust und aus den Schränken drang ein gehässiges Poltern. Nur die alten Meister auf den Bildern verharrten im todähnlichen Schweigen.

'Und wenn', fragte sich Zacharias eines Tages nahe der Erschöpfung, und alle Zweifel standen Spalier, ihm die Richtung eines ungeheuerlichen Verdachts zu weisen, '... wenn der Goldfisch nun gelogen hätte, und überhaupt alles, was geschah in jener Nacht, bloß eine versponnene Mondscheingaukelei gewesen wäre, ein Scherz der späten Stunde und versiegelt in einem Traum?' Diese Erklärung, mit der sich anzufreunden ihm leicht fiel, je ärger der Wurm der Selbstverleugnung an seinem Leibe fraß, schien Zacharias plötzlich über allen Anschein hinweg ein zureichender Grund dafür zu sein, dass er das Matt partout nicht fand.

Von dieser Stunde an verscheuchte Zacharias wie ein vom Jagdtrieb besessener Zobel alle Fliegen aus seinem Haus und ließ keine Spinne mehr am

Fenster oder versteckt an der Zimmerdecke und unter dem Bett Netze weben, der Goldfisch wanderte in eine dunkle vereinsamte Ecke der Stube und mit Benno, seinem geliebten Hund, verkehrte er nur mehr als mürrisches Herrchen. Die Stellung auf dem Brett unterdessen, die ihm so viel Verdruss und Verzweiflung bereitet hatte, blieb auf alle Zeiten unangetastet unter einer dicken Schicht Staub. Bedauerlich, denn die Zaubernacht hätte Zacharias ansonsten lehren können, dass der Sieger im Spiel den Vertrag nur schließt mit dem Wucherer Vergeblichkeit. Einmal in die Nichtigkeit verirrt, versteht der Mensch zuletzt nur die Hand, die ihn schlägt, und den Geist, der ihn verbrennt.

Als eines Abends über dem Kiesweg die Anhöhe hinauf und eine Reihe von wirrbärtigen Eiben entlang eine herumstreichende Katze bis zur verschlossenen Eingangstür schlich und ihren struppigen Schwanz siebenmal im Kreise am Türpfosten rieb, ertönte im Inneren des Hauses ein freudiges Glucksen, kurz darauf heftete sich eine Fliege mutwillig ans Fensterglas und an einem silbernen Faden vom Briefkasten herab schaukelte eine winzige Spinne im Wind. Benno aber, indem er die Schnauze aus seinem Körbchen hob, bellte zufrieden den Mond an.

Epilog

Die Muschel sei, so sagt man, das Ohr des Ozeans. Man hört in dem Gehäuse ein Rauschen wie vom

Meer, wenn die Wellen gegen das steinige Ufer brechen. Im Verwechseln sind Menschen Meister. Die Gelehrsamkeit aller Zeiten verkündet auch, Klugheit wäre, was zwischen falschem Schein und verborgenem Sein sich überdenkt und mit den Diebesgriffen der Vernunft das Richtige wählt zum Gedeihen des eigenen Fortbestands.

So gewiss, wie Geisterworte nicht in ein Menschenohr aus Fleisch und Blut dringen: In dieser Geschichte tauchen Feen, Trolle, zauberkundige Wesen oder die Ausdünstungen eines irregeleiteten Glaubens an einbalsamierte Mächte, die Orte heimsuchen und Menschen vom rechten Pfad weg in schweflige Sümpfe locken, zu keinem Zeitpunkt auf. Nur der Winzling, der auf den Namen Querele hört, offenbart darin sein schelmenhaftes Antlitz in der Schminke einer tolldreisten Phantasie.

War 's erzählte Mär oder Blendwerk aus dem Gleisnervolk, wo Worte Schatten hegen und der Wahrheit Blöße Trug gebiert, dass eine Spinne Netze webt, nicht nahrhafte Beute, wohl aber fliehende Menschengedanken einzufangen, dass einer Fliege unverschämter Flug Strategien streut in das Gedränge vorwitziger Pläne, ein Hund Manöver voll Wagemut ersinnt, die einem Kriegsherrn des Neides kränkliche Farbe auf die Wangen treiben, und zuletzt ein Flossentier zum Verkünder wird einer Prophetie von Mattzügen? Wer rühmt da wen? Ein Mensch spielt Schach und Tiere tun 's ihm nach, das wär', als blühten Schatten im Sonnenlicht oder dass der tödliche Kuss eines Skorpions Tempel im Wüstensand erbaute. Was Zacharias in Zauberbanden hielt, der ganze Hergang um einen Sinn und Lärm geflochtener Ereignisse, kaum ersprießlicher als ein Zwiegespräch in einem müden Hirn, das schlafend in einen Traum versinkt und Kurs hält auf den Lethefluss, war, dass Zacharias sich daheim wähnte in den eigenen vier Wänden seines Verstandes. Ihn peinigte der Störung verquere Streitbarkeit.

Am Rand der Weisheit gähnt ein Loch bis tief hinab zum Mittelpunkt, wo, wie es heißt, die Speichen zusammentreffen des schmetternden Weltenrads, das infolge seiner Drehungen ein feuchtes Staubkorn durch des Weltalls Äther treibt zum Erdenlauf um die Sonne. Eine Reise, die nur einen kosmischen Augenblick währt. Dem Untergang geweiht sind auch seine Gefährten - von den Feuerstürmen auf der Venus bis zu Uranus' dunklem, steinernen Auge. Einsame Kometen durchstreifen die Finsternis auf ihrem unheilvollen Flug ins Nichts. Was sind sie anderes als Trümmer ungeahnter Vernichtungen. Vom nahen bis zum entferntesten Punkt verlängert Hitze den Kältetod, wenn Sterne unter dem verzehrenden Brand von Jahrmillionen ihre Gluthüllen zerreißen und mit ihrer Asche den Friedhof eines wirbelnden Universums bedecken. So spielt man Schach mit Fliehkräften.

Die Zukunft des Menschen ist verwoben in einen sterbenden Traum. Wo Abgründe lächeln und Schwefeldämpfe durch Erdritzen ans Tageslicht steigen, wo die atembare Luft schwanger geht mit giftigen Gasen, Wolken brüllende Fluten auf Erdschollen herabregnen lassen und das Meer aus seinem angestammten Bette springt, wo im Widerstreit der Elemente Städte wie Eierschalen brechen, dort, umschlungen von tiefer Dämmerung, faucht ein Toben wie von tausend Teufeln. Wer Ohren hat, hört Typhons Wiegenlied, das übertäubt den Schmerz verblichener Zeiten und will erwachen zu neuer Zerstörungswut.

Verrückte Wirklichkeit

Die Acht zeigt Buckel und muss weichen,
die Sieben greift in hundert Speichen,
und wo sich beide Sphären wetzen,
herrscht nichts als Kummer, Leid und Schmerzen.

Draußen heult der Wind wie ein verendendes Tier und scheucht mit kräftigen Stößen Schwärme von Fliegen auf, die, zu einem irren Flug gehetzt, gegen die Fensterscheiben klatschen und sie mit ihren Leibern beschmutzen. Von den weit entfernten Bergesklüften mit den Silhouetten hoher, gezackter Tannen ist die Nacht hinab ins Tal gestiegen und umschleicht nun wie ein ungebetener Gast die Veranda und die blind starrenden Fenster des halbverfallenen Hauses, darin ich am brennenden Kamin sitze und die letzten Aufzeichnungen meines Freundes Jeremy Jurevicius dem jähen Aschetod durch die Flammen überantworte.

Knisternd recken die Flammen mit glosendem Verlangen ihre schlanken Hälse empor, sie scheinen zu wissen, dass das, was ich ihnen mit zitternder Hand zuwerfe, aus dem Gedächtnis der Welt verschwinden muss, damit ich wieder ein Leben führen kann ohne den Beigeschmack des teuflisch Angetasteten. Nichts darf zurückbleiben, nicht der Hauch eines Gedankens von diesem verworfenen Grenzgänger, kein Verderbnis entlarvendes Zeichen aus seiner Feder, mit Blut auf unschuldiges Papier niedergebannt, auf dass kein anderer sich in die Abgründe verirre, wo in schäumenden Bächen des Schmerzes und endloser Peinigung der Wahnsinn haust.

Es gibt zwei Wahrheiten über die Einsamkeit, die eine, dass man es zeit seines Lebens ist, die andere, dass man es im Tode nicht sein kann. Erinnerungen sind wie Plagegeister aus den Regionen wiederkehrender Dunkelheit, sie zernagen das Bewusstsein der Lebenden, obwohl sie in Wirklichkeit haltloser sind als ein schwüler Lufthauch, der gegen den Schein der untergehenden Abendsonne verweht. Und dennoch stacheln sie das Blut zu einem beschleunigten Pulsschlag auf; ohne Substanz sind sie giftiger, lähmender als der tückische Biss einer Schwarzen Witwe. Sie scheinen aus jenem Stoffe zu bestehen, den der lauernde Zufall in die überhasteten Augenblicke der Gegenwart hineinstreut, wenn man kurz zur Seite blickt, und wie sich plötzlich im Gedächtnis winzige Staubpartikel von Ereignissen, die man längst vergessen zu haben glaubte, zur Gestalt einer erwachten Erinnerung verdichten, obwohl man nicht genau sagen kann, war es wirklich so geschehen oder nur aus Lücken zu einem Stückwerk zusammengeleimt ...

O Jeremy, Jeremy! Was musstest du eherne Grenzpfeiler verrücken!

Schon von früher Jugend auf war Jeremy ein Schwärmer mit einer Veranlagung zur Schwermut gewesen, mit wirren Ideen im Kopf, über die seine Umwelt entweder halbbelustigt lachte oder die Schultern zusammenzog vor kaltem, leichenblassen Grauen. Sein Lächeln wirkte oft maskenhaft und ungelenk, sein Wuchs war ins Knabenhafte geraten und blieb es auch in späteren Jahren, holperig schleppte er sich auf seinen dünnen Beinen dahin. Verbraucht schien auch alle Ausstrahlungskraft seines Gemüts zu sein wie bei jemandem, dem ein fortwährender Aderlass die Blutgefäße austrocknet. Die Flamme, die ihn am Leben erhielt und den Wechsel der Tage sehen ließ, brannte zögerlich und rußig und war zudem verfinstert von einer grüblerischen Leidenschaft. Er war das genaue Abbild seiner Kindheit, die ein Ort düsterer Schicksale war.

Sein Vater starb früh, doch lang dauerte sein Tod, bis ihn der Krebs von innen nach außen zerfressen hatte, da war Jeremy kaum fünf Jahre alt. So wuchs er unter der Obhut seiner Mutter auf, einer vom Wesen her allzu empfindsamen, zerbrechlichen Frau, die den Verlust ihres Ehegatten nicht verwinden konnte, über die Zeit ins Melancholische verfiel und sich heftige Selbstvorwürfe machte, da sie, als brave Katholikin mit der Vorstellung der Sündhaftigkeit beladen, sich nachträglich die Schuld gab an der Krankheit ihres Mannes. In solchen Augenblicken hysterischer Bußfertigkeit geißelte sie sich mit einem spitz zugeschnittenen Rohrstock den Rücken blutig, zerraufte sich die wirren Haare, zerriss ihre Kleidung und lästerte kreischend ihrem Gott. Zwei Jahre lebte Jeremy mit dieser offenbar an Geisteskrankheit leidenden Frau unter einem Dach.

Schließlich kam er zu seinen Großeltern nach Oklahoma, die ein Farmhaus in idyllischer Nähe zu einem rauschenden Fluss, umstanden von schlanken himmelaufragenden Pappeln, bewohnten. Abends, wenn die Sonne über den fernen Hügeln zerschmolz, wanderte Jeremy über Stunden an den schilfbestandenen Ufern entlang, einsam und befrachtet mit dem Erbe seiner unsterngezeugten Geburt, bis der Mond ein Erbarmen mit seinem Elend hatte und ein schillerndes Gewand über seine dürftige Gestalt warf.

Doch auch in dieser trostreichen Abgeschiedenheit fand er den inneren Frieden nicht. Der medusische Schrecken brach mit der Nachricht herein, dass sich seine Mutter in der Dachstube, niemand wusste den Zeitpunkt, denn die Leiche war schon im fortgeschrittenen Zustande der Verwesung, als man sie fand, an einem Balken erhängt hatte.

Vieles davon habe ich aus seinem eigenen Munde erfahren, einiges später aus Zeitungsberichten und dem Befragen von Leuten, die seine Familiengeschichte hinlänglich kannten, recherchiert und zu einem puzzleartigen Bild zusammengefügt. Manche Punkte blieben offen und ungeklärt. All dies erscheint mir der Erwähnung wert, damit man verstehe, welche Tragödien sich in diesem jungen Gemüt eingenistet hatten und warum sich seine Kindheitsjahre, genährt vom schleichenden Gift der Selbstzweifel, zu einem innerlich zerbrochenen Charakter verstolpern mussten. So kann es auch nicht verwundern, dass sich in seinem Unterbewusstsein alle morbiden Kräfte des Untergangs unter einer Art Linse sammelten, die dann in kreischenden Fieberträumen entfesselt wurden des Nachts, wenn Jeremy allein in seinem Zimmer schlief.

Wer will behaupten zu wissen, welche Spuren oder Schneisen von nachhaltigem Schaden solche Heimsuchungen in der Seele eines Menschen hinterlassen. Man ahnt allenfalls vage, dass sie alle hoffnungsfrohen Gedanken auf Dauer im modrigen Brackwasser uneingestandener Ängste ertränken.

Ungeachtet dessen machte Jeremy nach außen hin nicht unbedingt den Eindruck eines seelisch angekränkelten Menschen. Ganz im Gegenteil: Er war geradezu von pfeilschneller Auffassungsgabe, lernte mit zielstrebigem Fleiß und Hingabe und konnte zuweilen selbst komplizierte mathematische oder geometrische Probleme im verblüffenden Handumdrehen lösen. Als er zwölf war, gewann er die Stadtmeisterschaft im Schachspiel, kehrte dieser hölzernen Kunst allerdings kurz darauf wieder den Rücken zu. Sie war ihm zu fad geworden.

Jedenfalls verschwanden die Schübe von schizophrenen Träumen mit seinem 14. Lebensjahr. Zu dieser Zeit lernte ich ihn kennen, mehr zufällig in der Bibliothek, als wir im Regal nach demselben

Gedichtband griffen. Es war T. S. Eliots "Das wüste Land." Von da an spannte sich eine unzertrennliche Freundschaft über unsere im Grunde verschiedenen Lebenspfade.

Später besuchten wir gemeinsam die Universität von Oklahoma, und dort bemerkte ich dann auch, dass sich seine Neugier mit geradezu raubtierhafter Versessenheit auf okkulte Schriften stürzte. Er verschlang sie wie andere Menschen Hotdogs, und sein Hunger wuchs mit jedem Wort, mit jeder Zeile, mit jedem neuen Buch ins erschreckend Animalische.

Seine Überzeugungen, die daraus resultierten, dass er sich gewisser blasphemischer Praktiken bediente, über die ich geschworen habe, Stillschweigen zu bewahren, ein Schwur, den ich niemals brechen werde, und stünde auch mein Seelenheil auf dem Spiel, waren in meinen Augen einfach nur abstoßend und krank.

Ich erinnere mich noch sehr genau an eine bizarre Begebenheit, die sein Anpirschen an die finsteren Kräfte mit entlarvender Deutlichkeit zum Vorschein brachte, weil ich es später in mein Tagebuch notierte. Es war an einem verregneten Septemberabend. Wir saßen in seinem Zimmer, das er sich gemietet hatte in einem ärmlichen Viertel der Stadt, rauchten, tranken schales Bier und redeten ausgelassen über allerlei Nichtigkeiten, als Jeremy plötzlich und ohne ersichtlichen Grund die Stirn krauste und in ein dumpfes schweres Schweigen verfiel.

Solche Phasen von kurzfristig auftretender Verdüsterung, in denen es schien, als ziehe sich Jeremy innerlich in ein unendlich sich verästelndes Labyrinth zurück, hatte ich bereits einige Male an ihm beobachtet. Sie verflogen jedoch rasch und gaben mir nie Ursache zur Vermutung, dass er von einer bedrückenden Seelenfinsternis umfangen sein könnte. Ich hielt sie für belanglose augenblickhafte Larven von Launen, wie sie im Leben jedes Menschen hin und wieder vorkommen, die jedoch keine tieferen Wurzeln in ein dunkles Erdreich schlagen.

Diesmal war es freilich anders. Etliche Minuten vergingen, ohne dass die Starre von seiner Gestalt wich. Fast schien es, als würde sie wie Teerpappe oder ein besitzergreifender Schatten mit einem eigenen Willen an ihm haften. Außer seinem leisen Atem war im Zimmer alles still geworden.

Wie eine Pantherkatze begann mich eine nervöse Furcht zu umschleichen. Wohl kannte ich solche Symptome vom Hörensagen, doch ist es immer etwas anderes, wenn man sich plötzlich und ohne die geringste Einstimmung mitten in einem derartigen Erlebnis zurechtfinden muss.

So sprang ich denn erschrocken von der Ecke der Couch, auf der ich gegenüber meinem reglosen Freund saß, auf und stupste ihn vorsichtig mit ausgestrecktem Arm an der Schulter, um ein Lebenszeichen zu erhalten, doch alles, was ich unter meiner Hand spürte, glich einer in Stein gemeißelten Statue. Um mich meines Eindrucks zu versichern, ging ich um ihn herum, leise, um ihn nicht aus seinem Dämmerzustand aufzuschrecken, betastete seinen Rücken, den Nacken, die Arme - alles fühlte sich kalt und leblos an.

Einen Arzt herbeizurufen, erschien mir allerdings närrisch, da ich nicht wusste, wie lange dieser kataleptische Zustand anhalten würde. Es lag mir auch fern, Jeremy der Verlegenheit einer ärztlichen Befragung auszusetzen.

Also wartete ich noch eine Weile ab. Seine Pupillen glotzten unterdessen weiterhin gespenstig starr und ohne Anteilnahme in den Raum hinein. Es hatte den Anschein, als wäre sein Geist in eine somnambulisch verhangene Welt entrückt. Man kann sich leicht vorstellen, in welche Gemütsverfassung ich allmählich geriet.

Kurioserweise kommt man in Situationen, die einem fremd und unnatürlich erscheinen, nie auf das Naheliegendste, nämlich in diesem konkreten Fall auf den simplen Gedanken, ihn einfach anzusprechen. Ich ärgerte mich über meine tolpatschige Dummheit und stellte ihm schließlich aufs Geratewohl einige Fragen auch in Hinblick auf seine Vergangenheit und sein eigenwilliges Interesse fürs Okkulte. Behutsam tastete ich mich vor, weil ich fürchtete, seinem in Nebeln versponnenen Geist Schaden zuzufügen, wenn ich ihn allzu jäh aus seinen emotionalen Banden herausriss, denn für eine solche Gefühlsverwirrung hielt ich seinen Zustand.

Ich neigte den Kopf in seine Richtung und fragte: "Jeremy, kannst du mich hören?"

Er antwortete mit einem feinen, kaum merklichen Zittern seines rechten Augenlids. Der Kontakt war hergestellt, vielleicht hatte es auch nie einen Abbruch gegeben. Wer will wissen, über welche Kanäle der Kommunikation auch ein verstörtes Bewusstsein mit der Außenwelt in wechselweiser Verbindung steht. So ging ich denn mit dem Gefühl, die hinderliche Barriere durchbrochen zu haben, zielstrebig zu Werke.

"Wo befindest du dich gerade?"

Seine Lippen bewegten sich stumm. Ich sah, dass er zu sprechen versuchte. Nach einigen Bemühungen begann seine Zunge wie im halbwachen Bewusstsein Worte zu formen, einsilbig, ohne Klangbild, wie ein ins Stocken geratener monotoner Mechanismus.

"In einem ... Grabgewölbe."

"Bist du allein?", hakte ich nach.

"Nein."

"Wer ist bei dir?"

"Ein sterbender Leib."

Eine nervöse Fiebrigkeit trat in seine Augen, und sein zum Grauton hin neigender Teint nahm mit einem Mal die noch kränklichere gelbe Hautfarbe eines Leberkranken an.

"Fürchtest du dich?" Ich gab meiner Stimme einen flüsternden Unterton. Staunen erfasste mich bei seiner Antwort.

"Warum sollte ich mich ... vor meinem eigenen Leib fürchten?"

"Es ist dein Leib, der da ... stirbt?", stotterte ich verwirrt hervor.

"Ja", hauchte er. "Geburt und Tod sind nur verschiedene Blickwinkel für ein und denselben Fluch."

Mir schauderte vor dem Gehörten. Daher wechselte ich mit meinen Fragen auf ein anderes Gebiet über, das mir weniger verfänglich erschien. Ich sollte mich, wie sich rasch herausstellte, mit meiner Vermutung abgrundtief geirrt haben.

"Wer ist dein Vater?", wollte ich von ihm wissen.

"Der Wille, der in meinen Knochen steckt."

"Und deine Mutter?"

Schweigen.

Hatte er mich nicht gehört? Ich fragte noch einmal, diesmal lauter. "Wer ist deine Mutter?"

"Die Schlange mit dem Fleisch der Verwesung."

Immer mehr Rätsel türmten sich vor mir auf und ließen kein Licht auf einen verständlichen Sinn fallen. Mit meiner nächsten Frage hoffte ich auf mehr Klarheit.

"Wer bist du?"

Wieder schwieg er.

"Rede, verdammt nochmal! Wer bist du?", schrie ich fast.

"Ich bin ... Feuer."

Ich war erschüttert und zugleich maßlos irritiert von seinen rätselhaften Allegorien. Er gab zwar Antwort auf meine Fragen, aber der Hintersinn darin erschloss sich mir nicht, machte mich unruhig und fahrig. Als ich mich wieder gesammelt hatte, fragte ich: "Ist da sonst noch etwas in deiner Nähe?"

"Nur Dunkelheit, eine alles zerfressende heillose Dunkelheit, und eine Stimme aus dem Schlund längst vergessener Träume." Seine Zunge lallte leicht, aber immerhin sprach er in klaren Worten.

"Was sagt sie?" Ich wusste im selben Augenblick, dass ich mit dieser neugierigen Frage ein Tor aufstieß, das nie wieder geschlossen werden konnte. Mir war, als hörte ich das Knarren uralter Riegel; und wie sich unsichtbar im Raum zwischen den Räumen, in einem verborgenen Winkel des Verstandes vielleicht, vielleicht auch nur in einer verschütteten Nische unseres Verständnisses der Welt, ein Türspalt öffnete, wehte daraus der Modergeruch vergilbter Gebeine hervor, Dünste und beklemmende Winde von den Grabstätten aller Erinnerungen, hingemeuchelt vom Axthieb verflossener Äonen, dazu verdammt, als atavistische Reste einer verlorenen Schlacht fluchbeladen die Ewigkeit zu durchwandern. Ich riss mich zusammen. Woher stürmten diese Bilder auf mich ein?

Jeremy begann wieder zu sprechen. Zunächst scheu und nur in losen Andeutungen, dann in immer drängenderer Eile, wie aufgepeitscht von einer Angst, die nur mühsam in Worte zu fassen war, vertraute er mir in einem langen Monolog die Ergebnisse seiner okkulten Experimente an, dass er nach qualvollen Martern und Wagnissen von äußerster Gefahr in die Gefilde dämonisch dämmernder Nacht hineingestoßen sei und dort herausgefunden habe, was der eigentliche Zweck des Lebens sei, kein menschlicher, nicht einmal ein irdischer. Und mit jedem Wort, das ich hörte, schien meine innere Festung mehr und mehr zu zerbröckeln.

"Jenseits unserer begrifflichen Vorstellungswelt existieren Geschöpfe, älter als der Atem der Zeit selbst, und eine ihrer Erscheinungsformen, mit denen sie

Einfluss nehmen auf unser Dasein, ist der Tod, nur eine Maske, hinter der sich ein viel entsetzlicheres Schicksal verbirgt, denn so wie wir Nahrung benötigen, indem wir die Gehäuse des Lebens aufbrechen, ihr Fleisch verzehren und ihre weichen Substanzen verdauen, um der Vergänglichkeit ewigen Sterbens die trügerische Dauer einer Existenz abzutrotzen, benötigen auch sie eine Essenz zur Hinauszögerung des unwiderruflichen Verfalls. Die alten Mysterien nannten sie Götter, zuweilen Dämonen oder Wanderer durch immerwährende Trübsale, aber sie sind etwas weitaus Geringeres, denn auch sie unterliegen dem tyrannischen Trieb des Hungers ... und wir stillen ihr Verlangen. So wie man bestimmte Bakterienstämme züchtet zur Gewinnung von Arzneien, erzeugen auch wir durch die vielen Wiedergeburten des Leidens in unseren Leibern jenes Fluidum, das nach unserem Tode durch die offenen Poren entweicht, zum Firmament aufsteigt und dort von den gefräßigen Geiern des Himmels gierig verschlungen wird. Das ist der verborgene Sinn im Rätsel der Keimblätter des Lebens. Wir sind das Zuchtvieh für diese Bestien, im Volksmund Engel genannt."

"Schweig!", schrie ich. "Schweig! Deine Worte machen mich verrückt!"

Seine Stimme brach, ein leises Schluchzen drang aus seiner halboffenen Mundhöhle, und als wäre er urplötzlich aus seiner Trance durch meinen gepeinigten Ausruf wieder in die Wirklichkeit hineingezogen worden, schlug er die Augen mehrmals irritiert auf und nieder und ... lächelte mich an.

Er nahm den verlorenen Faden seiner Erzählung nicht wieder auf, alles schien hinweggefegt zu sein, auch berührte er mit keiner Silbe mehr die Ungeheuerlichkeiten, die sein verwirrter Geist, so wollte ich glauben, von "drüben" als die Rudimente eines alten Wissens herübergerettet hatte in die naive Unschuld dieser Welt. So, als wäre nichts geschehen, stand er auf und fragte mich gelassen: "Wollen wir ins Kino gehen, ehe die Langeweile uns erdrückt?"

Zufällig ging mein Blick auf die Uhr. Schwindel erfasste mich, denn der kleine Zeiger auf dem hässlichen nackten Ziffernblatt war um drei Stunden weitergewandert! Auf den Teufel hätte ich schwören können, dass nicht länger als eine Viertelstunde vergangen war.

Zweifel lodern im Brand und versiegen zur Asche einer fürchterlichen Ahnung. Wenn wir sie zu verdrängen versuchen, wirkt es wie Nesselgift auf uns zurück. Dann spüren wir eine tief in uns gärende Verzweiflung und Wunden, so schmerzhaft, als hätte man Rasierklingen verschluckt, reißen in der Seele auf. So erging es mir in den folgenden Tagen.

Ich richtete es so ein, dass ich Jeremy möglichst selten sah. So ließ ich mit Absicht Vorlesungen ausfallen, die auch er besuchte. Und traf ich ihn doch, so schützte ich Unwohlsein vor, schob meine Reserviertheit auf eine verschleppte Grippe. Dass ich ihm dennoch die Treue hielt, auch später in seinen dunkelsten, von wilden Verzweiflungsstürmen zerrütteten Zuständen voll tiefster Verwirrung und grässlichster Selbstverleugnung, geht nur mich etwas an.

Eines Abends, kaum eine Woche war seit jenem erschütternden Ereignis verstrichen, näherten sich dumpfe, blind sich vortastende Schritte meiner Tür wie von einem Betrunkenen oder einem Menschen am Ende seiner Kräfte.

Ich wusste, noch ehe das Klopfen gegen meine Tür ertönte, dass Jeremy draußen stand, und dass er gekommen war, um mir etwas Schreckliches zu enthüllen. Und doch war ich überaus schockiert, als ich ihn im halbdunklen Korridor mit gesenktem Kopf wie ein Häuflein Elend gegen die Wand gelehnt sah, die Glieder entkräftet, dass er kaum noch stehen konnte. Auf seinen nackten Unterarmen, als ein schmaler Streifen Lichts aus der Haustür auf die Steinfliesen fiel, bemerkte ich mit Erschrecken lange blutige Striemen, sein Gesicht glänzte nass vor übermenschlicher Anstrengung, schwer und ruckweise ging sein Atem und aus seinen Augen blickte der Veitstanz eines unbeschreiblichen Entsetzens.

Fast fiel er über die Türschwelle. Ich musste ihn stützen und auf wankenden Knien zum Ohrensessel neben dem Wandschrank schleppen. Trotz meiner dürftigen medizinischen Kenntnisse verband ich ihm die verletzten Arme, nachdem ich die Wunden mit Jodtinktur ausgewaschen hatte, so gut es ging. Jeremy zuckte mit keiner Miene. Der Schmerz schien durch ihn hindurchzugehen, als existierte er gar nicht angesichts dessen, was er durchgemacht hatte.

Unstet und voll Flehens suchten seine Augen immer wieder mein Gesicht. Ich wich seinen Blicken jedoch mit kalter Beharrlichkeit aus. Seine Gegenwart wirkte auf eine nicht näher zu definierende Weise seltsam beängstigend auf mich. So setzte ich mich schließlich ein paar Schritte von ihm entfernt auf einen hölzernen Schemel. Das Licht hatte ich abgedämpft. Träge lag sein Oberkörper in den Polstern.

Ich unternahm einen ersten Vorstoß, scherzte: "Du scheinst eine tollwütige Geliebte umarmt zu haben."

Er schüttelte müde den Kopf. "Es gibt noch etwas anderes, der Liebe sehr Verwandtes und Grausames."

Ich schluckte schwer und fühlte im Geiste eine gewaltige Hand nach mir schlagen, wie man Fliegen an der Wand zerdrückt. Ich merkte auf, als er wieder zu sprechen begann.

"Ich habe einen gefahrvollen, seiltänzerischen Zugang gefunden zu den Regionen des Anfangs. Vor einigen Stunden, es würde zu lange dauern, dir alle Einzelheiten zu erklären. Es war grauenhaft ..." Sein Kopf fiel erschöpft auf das Kissen zurück.

"Und die Verwundung?", fragte ich und deutete mit dem Zeigefinger auf seine Arme.

"Von einem Fledermausgeschöpf mit dem Unterleib einer nackten Frau, sie hatte grässliche, mörderisch metallene Klauen." Seine Stimme stockte, aber ich konnte erkennen, wie die Erinnerung daran ihm schmerzvolle Furchen durch die Wangen zog. "So lüstern nach meinen Küssen, war es doch ein Akt gefräßiger Wollust. Ich entkam dem Succubus in letzter Not. Du siehst, die Mythen lügen nicht."

"Um Himmels willen, Jeremy", meine Stimme erschreckte mich selbst, hallte schrill in meinen Ohren nach. In ihr vibrierte unverhohlen eine erbärmliche, die Sinne zerfetzende Angst. Ja, Angst, dass sein Wahnsinn auf mich übergreifen könnte wie eine ansteckende Krankheit. "Du musst damit Schluss machen, hörst du, dein Eifer richtet dich noch zugrunde. Ich will nicht wissen, wo du warst, oder ob du dir das alles nur eingebildet hast. Aber du spielst mit Kräften, die ein Mensch nicht kontrollieren kann. Als dein Freund rate ich dir, lass die Finger davon!"

"Ich kann nicht und will auch nicht, denn sieh, wie könnte ich mich glauben machen", und er streckte mir seine verbundenen Arme entgegen, "all dies wären nur spukhafte Träume gewesen!"

Ich wandte den Blick von ihm ab, schaute herab auf den verschlissenen Teppich zu meinen Füßen und wünschte mich an einen anderen Ort. Seine Stimme, klar und hell, riss mich aus fernen, engumschlungenen Gedanken zurück.

"Die Wirklichkeit, wie sie der Mensch begreift, ist nur die Grabkammer des Lebens. Aber der Tod bleibt uns verwehrt. Wir fürchten, was danach kommt, nicht ohne triftigen Grund, erdulden zu Lebzeiten die schlimmsten Kränkungen aus ebendiesem Wissen. Du rätst mir zum Vergessen, doch ich sehe dir an, dass du deine eigenen Worte mit falschen Schwüren behängst. Weißt du, was mein Vater auf dem Sterbebett mit seinem letzten Atemzug flüsterte? Ich will es dir verraten, er sagte, 'rettet mich vor ihnen'."

"Komm zu dir, Jeremy! Kindheitserinnerungen sind nicht das wirkliche Leben", schleuderte ich ihm erbost entgegen, wusste aber zugleich, dass mein Wutausbruch nur meine eigene Hilflosigkeit überdecken sollte.

Er lachte bitter auf, stürzte dann plötzlich zur Tür, riss sie auf, doch ehe er hinaustrat, wirbelte er noch einmal auf den Absätzen herum. Ich fühlte seinen durchdringenden Blick auf meinem geheimsten Gedanken. "Nein, mein Freund", sagte er mit einer Überzeugungskraft, wie sie Wahnsinnigen zuweilen zu eigen ist, "dein Trost ist nur eine geborgte Lüge, du zahlst sie zuletzt an die Gruft zurück. Hast du dich nie gefragt, was unser viehisches Leben erträglich macht? Es ist die Angst, die das Versprechen zusammenleimt und die dafür sorgt, dass wir an den Grenzen unserer Ahnungen steckenbleiben und langsam krepieren. Das Lächeln der Rose hängt an ihrem Dorn. Ich aber werde mich nicht damit zufriedengeben, dereinst mit meinem Leichnam in der Erde Würmer zu füttern oder im Himmel von hungrigen Harpyien verschlungen zu werden. Ich werde einen Weg finden aus diesem Schattenlabyrinth."

Dann war er auf und davon. Auf dem Kiesweg vor dem Haus knirschten seine Schritte, bis sie in der Ferne verhallten.

Ich will die nächsten Wochen in meinem Gedächtnis überspringen, sie flossen grau und eintönig dahin. Ich verbarrikadierte mich in meinem Zimmer vor jedem Kontakt mit der Außenwelt, und klopfte es gelegentlich an meiner Tür, so ließ ich es unbeachtet und verschlief die meisten Stunden des Tages, und nachts vergrub ich mich in schwelende Träume zwischen unruhigem Schlaf und dämmerigem Wachen. Jeremy sah ich in dieser Zeit nicht. Ich hatte auch keinen Wunsch danach.

Eines Tages - ich hatte das Zwielicht hinter zugezogenen Gardinen allmählich satt - zog es mich ins Freie unter einem sonnigen azurblauen Himmel. Mit zu mir zurückgeflossener Lebensfreude durchwanderte ich einige benachbarte Wohnviertel, als ich - der Zufall ist ein Schelm, der mit gezinkten Karten spielt - an einer Bushaltestelle, die Schultern leicht zusammengekrümmt, den Kopf nach vorne geneigt, plötzlich Jeremy erkannte, wie er in den Händen ein Buch hielt und es aufmerksam las. Sein Inhalt war für mich nicht schwer zu erraten. Just in dem Moment, als ich in eine Straßenbiegung von ihm weg einlenken wollte, sah er auf und erblickte mich. An eine Flucht war nicht mehr zu denken. Keine Geste von Wiedersehensfreude ging von ihm aus, stattdessen schien er versteckt lauernd darauf zu warten, was ich als Nächstes tun würde.

Tatsächlich hatte ich ihm in der vergangenen Zeit keinen Grund geliefert, mich mit offenen Armen zu empfangen. Und irgendwo tief in mir verabscheute ich auch mein feiges Versteckspiel. Als ich zu ihm trat, deutete er ein Kopfnicken an und sagte: "Du lebst also noch."

"Ja", erwiderte ich kleinlaut, "jedenfalls ein Stück von mir."

"Und der Rest bleibt verkrochen im Schildkrötenpanzer, nicht wahr?" Sein Stich traf eine wunde Stelle, aber er war auf keine Antwort von mir erpicht, sondern fuhr wie jemand, der in meinen Gedanken las und darin, wie tausendfältig verschüttet auch immer, das Band einer alten Freundschaft wiederentdeckte, mit einem lächelnden Schmunzeln fort: "Du hast dich dünn gemacht, mein Freund. Haben dich meine Gespenstergeschichten so verschreckt?" Sachte legte er seine Hand auf meine Schulter, und ich ließ meinen Kopf auf seine Brust sinken.

Wir trafen uns wieder häufiger, doch vermied er es fortan, mich allzu rabiat und unvorbereitet in seine okkulten Studien einzuweihen. Was ich erfuhr, war, gemessen an der diabolischen Heftigkeit der Offenbarungen, mit denen er mich zuvor bestürmt hatte, auf ein verdauliches Maß reduziert. Doch die Unbefangenheit, wenn man so will, früherer Tage, als er sich mir mit allem, was ihm durch den Kopf ging, offenherzig anvertraute, war unwiderruflich befleckt. Unserer Freundschaft tat dies keinen Abbruch. Gleichwohl sollten sich unsere Wege bald schon trennen.

Ein Zwischenfall verwies ihn von der Universität. Aus einem nie im Detail aufgeklärten Hergang hatte er sich auf dem Campus mit Todd Philox eine wüste Schlägerei geliefert. Philox war ein stumpfsinniger Bursche, mehr Kleinhirn als Verstand, und mit Jeremy physisch so verwandt wie Herkules mit einem Hänfling oder Zeus mit dem Ziegengott Pan, und doch erlitt Philox einen Kieferbruch bei der Handgreiflichkeit, was so gar nicht zu meinem Freund passte, der Reibereien stets aus dem Wege ging. Wie hatte er es überhaupt mit Philox aufnehmen können? Wie auch immer, jedenfalls war Philox der Quarterback der Football-Mannschaft, und so wurde die Sache so arrangiert, dass man Jeremy die alleinige Schuld in die Schuhe schob und er gehen musste.

Für einige Jahre verlor ich ihn dann völlig aus den Augen. Mein Beruf beanspruchte mich gänzlich, später traf ich Jenny, sie wurde schwanger, wir heirateten und ich begann mich bürgerlich einzurichten, als eines Tages unvermutet ein Brief von Jeremy durch den Türschlitz in meine geordnete Welt hineinflog.

In dem Schreiben bat er mich um ein Treffen im Haus seiner Großeltern, die inzwischen verstorben waren. Der Wortlaut war schwülstig, weltentrückt. Vor meinem geistigen Auge tauchten noch einmal wie huschende Irrlichter all jene Begebenheiten auf, die ich mit ihm durchlebt hatte. Mein Entschluss war gefasst.

Ohne lange zu überlegen, verbrannte ich den Brief im Aschenbecher und spülte die Reste in der Toilette herunter. Jenny durfte ihn auf keinen Fall in die Finger bekommen. Nicht auszudenken, welche Szene von Eifersucht und verletzten Ehepflichten sie mir gemacht hätte. So reiste ich am darauffolgenden Wochenende ab, gab an, geschäftliche Angelegenheiten, die keinen Aufschub duldeten, zwängen mich dazu. Jenny war nicht der Mensch, der mein irrationales Interesse an dem, was Jeremy im Innersten bewegte, verstehen konnte. Frauen haben, wie ich glaube, was Freundschaft angeht, einen sehr pragmatischen Sinn. Alles, was nicht auf dem Boden fester Konventionen steht, ist in ihren Augen verdächtig. Frauen müssen Furien sein von Natur aus, wenn sie ihr Familienleben bedroht fühlen.

Gegen Abend fuhr ich mit einem gemieteten Chevrolet auf das staubbedeckte Gelände. Ich stieg aus dem Wagen, ein scharfer Wind strich mir durchs Haar. Den Mantelkragen enger ziehend, lief ich über trotziges Gestrüpp zur verwitterten Veranda vor dem heruntergekommenen Gebäude, das mich in kalter Trostlosigkeit anschwieg. Hinter den Fensterscheiben herrschte tiefe Dunkelheit. Lose Bretter knarrten im Wind, Sterbeseufzer, die in der nächtlichen Steppenlandschaft verhallten.

Nach mehrmaligem Klopfen, ohne dass eine Antwort kam, drückte ich die Klinke herunter. Die Tür war nicht verschlossen. Ich trat ein, rief nach Jeremy, laut und vernehmlich, aber nur Schweigen brandete mir entgegen. Trotz der Grottenfinsternis im Haus gelang es mir, einen Lichtschalter zu finden, aber er funktionierte nicht. Möglicherweise war der Strom abgeschaltet. So entzündete ich ein Feuerzeug und ging durch einen langen, verwahrlosten, dicht mit Staub und Spinnweben bedeckten Flur, bis ich an eine halb angelehnte Tür kam, aus deren Spalt flackernder Kerzenschein herausdrang.

"Jeremy?"

"Komm herein."

Es war eine heisere, gebrochene Stimme wie von einem sterbenskranken Greis, die sich kaum von der Stille im Haus abhob.

Trotz der zahlreichen Kerzen, die auf einem massiven Schreibtisch und auf Regalen an den Wänden brannten, wirkte der Raum, nur bewegt durch zitternde Schatten, mehr dunkel als hell. Auch hier überlagerte der Eindruck des Verfallenen die karg und verstreut dahinschlummernden Möbel.

"Ich danke dir, dass du gekommen bist." Seine Worte durchquerten kaum die Hälfte der Stube, so schwach war seine Stimme.

"Du wusstest, dass ich kommen würde", entgegnete ich.

"Ja", bestätigte er nüchtern.

Ein Hustenreiz erstickte seine Stimme, schüttelte seinen Leib.

Die Luft roch abgestanden und nach kaltem Schweiß. Von dort, wo ich stand, etwa zwei Schritte ins Zimmer hinein, war es mir nicht möglich, sein Gesicht zu sehen, denn er saß in einem breitrückigen Sessel im Schatten der Kerzenflammen.

"Was ist aus dir geworden, mein Freund?", fragte er schließlich, nachdem er wieder Atem schöpfen konnte.

"Ein Hosenträgerfabrikant."

"Was bleibt einem auch anderes übrig, als Haltung zu bewahren, nicht wahr?" Sein Tonfall war ernst, ungetrübt von jeglicher Ironie.

"Und du? Hast du deinen Frieden gefunden?", fragte ich zurück.

Eine Bewegung raschelte im Dunkeln, ich sah vergilbte Hände sich um die Armlehnen schmiegen, und kurz darauf schob er seinen Oberkörper ins halbtrübe Licht und sagte: "Man muss viel Humor haben, wenn man unter Menschen lebt. Ich habe Humor nie gekannt."

"Jere-", im ersten Schreck entglitt mir die Sprache, denn was ich vor mir sah, versetzte mir einen fürchterlichen Schlag. Es war das leichenhaft eingefallene Gesicht eines Menschen, der mit dem Tode rang.

"Ja, ich bin es, auch wenn mein Äußeres unter gewissen Beschwörungen, wie ich zugeben muss, gelitten hat."

"Es stimmt also, du hast nie aufgehört ..."

"Nein, ich habe ganze Berge von Schutt und stinkendem Geröll beiseite geräumt, bis ich endlich fand, wonach ich suchte. Den Ausweg!" Ein verderblicher Fanatismus glomm in seinen grottentief versunkenen Augen auf.

"Eine verbotene Pforte?", stammelte ich hervor.

Er lachte kurz auf. "Immer schon waren Pfaffen die größten Schurken gewesen. Meine Mutter, diese

Närrin, zahlte mit ihrem Leben dafür. Ja, ich habe die verborgene Tür gefunden."

"Und was soll ich hier?" Eine wachsende Beklemmung und Unsicherheit sprach aus meiner Frage.

"Du bist der letzte und einzige Mensch, der mir etwas bedeutet, weil du mich nie verlacht hast, obgleich du keinen Anteil hattest an meinen Zweifeln. Ich werde diese Welt verlassen, noch heute Abend. Es liegt dann an dir, was du damit anfängst." Sein stechender Blick bohrte sich in mich hinein wie ein Dolch. "Willst du bleiben?"

Ich nickte.

"Dann nimm Platz und werde Zeuge, wie ich das Gesetz des Sterbens aufhebe."

Alle Gebrechlichkeit seines verschrumpelten, schlotterigen Körpers verspottend, sprang er mit einem federleichten Satz aus dem Sessel, behende wie ein arkadischer Frühlingsgott, dass mich der Verdacht beschlich, Jeremy hätte seinen todwunden Zustand aus Arglist nur vorgetäuscht.

Was dann in den nächsten Minuten vor meinen Blicken ablief, Prozeduren, die jedes Schamgefühl entblätterten, Akte von solch widernatürlicher Verderbtheit, dass ich drauf und dran war, kopfüber in die Nacht hinauszufliehen, sollen in meinem Gedächtnis für immer in striktem Schweigen urnenhaft verschlossen bleiben und nie mehr angetastet werden. Es genügt zu sagen, dass sie mich entsetzten. Dennoch blieb ich wie gefesselt auf meinem Stuhl sitzen, ließ eine Wahnsinnstat nach der anderen an meinen weit aufgerissenen Augen wie eine Prozession frevelnder Dämonen vorbeigleiten.

Jeremy nahm überhaupt keine Notiz von mir. Ich sah, dass er sein rechtes Bein, auf einem Stock gestützt, nachzog, und dennoch vollzogen sich seine Bewegungen mit einer erstaunlich erregten, fast affenartigen Gewandtheit, wie er da mit merkwürdigen Geräten und Fetischen in den bizarren Verrenkungen des Abscheus herumhantierte und zwischendurch immer wieder seltsame Zauberpulver in die Luft streute, die erbärmlich stanken und mir in die Haut bissen. Keuchender Atem entfloh seinem rippendürren Brustkorb, der, nackt und ausgemergelt und von einem klebrigen Schweißfilm überzogen, perlmutthaft aufglänzte.

Zunächst im Hektischen verschiedener Handlungen, die aufeinanderfolgten wie nach einem teuflischen Drehbuch, von mir überhört, registrierte ich mit wachsender Deutlichkeit ein rhythmisches Pochen und Klopfen von außerhalb des Zimmers, dem ein schauerliches Kratzen folgte, als ob überdimensionale Krallen über eine Kreidetafel fuhren. Meine Wahrnehmung geriet schief, und mir war schwindlig, als ob das Eckige des Raumes sich abzustumpfen und in eine rundlichere Form überzugehen begann. Was ich sah, erinnerte mich entfernt an eine Luftblase in der Tiefsee. Ich hörte es knirschen, knacken, krachen, so eindrücklich, dass es nicht wunderlich gewesen wäre, wenn sich Risse in den Wänden aufgetan hätten. Auch Jeremy schien in diesen Anzeichen den höchsten Grad an Erfolg in seinen Bemühungen leibhaftig erfüllt zu sehen.

"Endlich!", stieß er das Wort mit der Gewalt eines erwachenden Sturmes aus. "Die Barrieren klaffen auseinander!"

Mit einem raschen Handzucken schleuderte er den Stock weit von sich in die hinterste Ecke der Stube. Seine Finger fuchtelten sodann mit hastiger Nervosität suchend in die leere Luft hinein, als wollten sie nach etwas, unsichtbar im Raum und dem Auge verborgen, greifen.

So irrte er durch das Zimmer mit pantomimischen Gebärden und Zuckungen, bis sich seine rechte Hand plötzlich in etwas zu verfangen schien, sie krümmte sich, ja, wie um einen spürbaren Knauf. Jäh erstarrte sein ganzer Körper. Unendlich langsam wandte er den Kopf zu mir herum, lächelte triumphierend mit einem irrsinnigen Abglanz in seinen verengten Augen und sagte schließlich im feierlichen Tone des Abschieds: "Leb wohl, mein Freund, auch wenn es mir schwerfällt, dich mit dieser Lüge zurückzulassen."

Dann, mit einer weit ausholenden Bewegung seines Armes, als öffnete er tatsächlich eine Tür, wirbelte er herum ...

Instinktiv schloss ich die Augen, presste die Lider fest zusammen. Und ich weigerte mich, sie jemals wieder aufzuschlagen. Ich wollte nicht sehen, was ich in einem verstohlenen Winkel meines Herzens zu glauben begann, nämlich dass Jeremy fort war, entkommen in eine Dimension ohne die Schreckensherrschaft des Todes.

Der Tumult, der noch vor wenigen Augenblicken das Zimmer wie mit Schmiedehämmern erschüttert hatte, war einer atemlosen Stille gewichen. Es war so still geworden, dass ich mein Herz deutlich schlagen hörte. Aber noch immer war ich nicht bereit, meine Augen zu öffnen.

Ein jammervolles Winseln drang plötzlich zu meinem Bewusstsein durch. Ich schlug die Lider auf und gewahrte ein Bild des Elends. Mit herunterhängenden Schultern, sein Leib wie unter einer Feuerlohe zusammengeschmolzen zu einer verklumpten Wachsfigur, auf dem geröteten Gesicht der Ausdruck tiefster Enttäuschung, hockte Jeremy auf dem schmutzigen Fußboden mitten im Raum in der Einsamkeit seines Scheiterns, ein armseliger Anblick, der mich an eine zertretene Spinne denken ließ, und stammelte immerfort: "Nur ein anderes Zimmer! Nur ein anderes Zimmer!"

Gebannt folgte ich seinem Blick, sah die leere Luft, das Mobiliar und die brennenden Kerzen, alles, was da war, nur kein anderes Zimmer. Der letzte Freundschaftsdienst, den ich ihm erwies, war die

Einweisung in ein Sanatorium. Das geschah vor vierzehn Tagen. Inzwischen habe ich jedoch erfahren, dass er von dort ausgebrochen ist. Er wird wohl nie aufhören, gegen die Willkür des Sterbens zu streiten.

Warum ich in dieses Haus zurückgekehrt bin und seine Aufzeichnungen verbrenne?

Nun, die Antwort darauf ist sehr einfach. Zwischen Feindschaft und Freundschaft ist immer eine Lüge gestreut, und ich kann nicht mit dem Gedanken leben, dass er recht haben könnte mit seiner Auflehnung gegen den Stachel des Todes. Mein ganzes Leben wäre dann ohne Sinn gewesen.

Mondgasse 4

Wie ich so, langgestreckt auf der Couch und mit hinter dem Kopf verschränkten Armen, den frühen Abend verträume, fallen mir langsam die schweren Augenlider herab.

Ehe die Dunkelheit sich über mich senkt und so die Gegenstände im Zimmer von meinem Bewusstsein trennt, fällt noch die zarte, geschwungene Kontur des jüngst erworbenen Sekretärs in meinen glanzlos verlöschenden Blick. Dann ist es still um mich herum, und auch die Dinge haben ihre Augen geschlossen. Ein letzter Gedanke an den Sekretär aus dem Nachlass eines Dichters und Philosophen ... ja, er war teuer erstanden bei der Auktion, nur schade, dass man versäumt hat, den Schlüssel für die aufklappbare Schreibplatte mitzuliefern, heute Morgen, als die Möbelpacker kamen. Was sich wohl in seinem Inneren befindet, denke ich und entschlummere ganz ...

Ist es nicht seltsam, dass der Mensch plötzlich und ohne spürbares Abgleiten in solchen unbewachten Augenblicken aus der einen Hälfte der Welt so restlos verdämmernd in die andere, stumme, unbestimmbare abrutscht, als ob Kräfte von gespenstischer Infernalität an ihm zerren, die von dort, jenseits der Abgründe, die wir fürchten, ihre dunklen, unentrinnbaren Netze nach ihm werfen?

Tief resignierend und schaudernd im Pulsschlag ängstlicher Erregung weicht der Verstand vor diesen finsteren Gefilden zurück. Wir ahnen wohl, dass von dort die schrecklichen Trugbilder herkommen, die sich wie feiner Dunst in unsere Träume einschleichen. Und schnitte man es auch auf, dies Herz der Träume, darin ein Rabe wohnt im schwärzesten Gedankennest, so fände man nicht mehr als ein weiteres verhasstes Rätsel in den fragwürdigen Existenzen des Seins.

Träume von unendlicher Geduld, vor denen wir fliehen und die vor Jahrmillionen aus dunkler Formlosigkeit in die ersten Keimzellen des Lebens drangen und seitdem unsere Nächte mit stummen, wahnwitzigen Koboldtänzen verschrecken, dass noch der kleinste Raum im Lächeln eines schlafenden Kindes sich wandelt zu einem Spinnennetz des Grauens ...

Ein Klopfen, zaghaft, gedämpft, reißt mich aus halbtotem Schlaf heraus. Meine Gedanken jagen sich: Ein Klopfen an meiner Stubentür? Ein Augenblick der Verwirrung. War denn die Haustür nicht verschlossen?!

Mit einem nagenden, unguten Gefühl springe ich auf und eile raschen Schrittes zur Zimmertür. Niemand ist dahinter, als ich sie öffne. Habe ich das Klopfen etwa nur geträumt? Aber nein, da ist es wieder, aber es kommt nicht von der zolldicken Tür her, sondern von weiter weg ... vom Fenster. Ich trete unsicher heran, schiebe die gewellte Gardine zur

Seite, und tatsächlich: Vor mir, hinter der Scheibe, halb verborgen von nächtlichen Schatten, hockt auf dem schmalen Fenstersims in einem absurd nostalgischen Frack ein älterer Herr mit wirrem Bart und lüftet den zylindrischen Hut mir zum Gruße. Sein Gesicht ist, soweit ich es gegen die Dunkelheit erkennen kann, von einem Kranz zarter Falten durchschnitten, aber es geht etwas Warmes von seinen Augen aus, die wie Mondsteine leuchten vor dem Hintergrund der Nacht.

Trotz meiner Verwirrtheit öffne ich das Fenster und weiche dann einen Schritt zurück. Aus den dünnen, gehobenen Mundwinkeln meines sonderbaren Gastes springt mich ein Lächeln an.

"Besten Dank, lieber Freund, hier draußen wird es allmählich kalt. Die Nacht ist unfreundlich zu alten Knochen", redet er munter drauflos.

Kurz darauf hüpft er geschmeidig katzengleich vom Fensterbrett herunter in meine behagliche Stube. Das Fenster zuschlagend, reibt er sich wärmend die Hände und ich bemerke, wie er seine Blicke neugierig, über die ganze Länge der rückwärtigen Wand schweifend, schließlich sekundenlang auf meinem Sekretär ruhen lässt. Dann, abrupt und mit hingeworfener, gekünstelter Gebärde, wendet er mir seine Frontseite zu.

Mir fällt nichts Besseres ein, als ihn zu fragen, wie er denn zu meinem Fenster hochgestiegen sei. Schließlich wohne ich im vierten Stock in Höhe der Baumwipfel. Blattlose Äste wie die erstarrten Tentakel eines urzeitlichen Kraken der Tiefsee, knorrig und klobig, malen schwache, halb verwischte Umrisse in die Dunkelheit.

Verlegen sich räuspernd deutet der Alte nach draußen, murmelt etwas von einem Gerüst und entgegnet dann mit einem kindlichen Schwung in der Stimme: "Klettern war schon immer meine Lieblingsbeschäftigung. Ich konnte nicht widerstehen, und glauben Sie mir, Treppensteigen in meinem Alter ist eine Qual, die ich gerne vermeide."

Eine jähe Neugierde will mich hinausblicken lassen nach dem Gerüst, denn ich kann mich nicht erinnern, dass die Fassade renoviert werden soll. Der Alte fasst mich jedoch mit sanftem Nachdruck am Ärmel und zieht mich vom Fenster weg.

Ich werfe ihm einen tadelnden Blick zu und mit offener Strenge faucht es aus mir heraus: "Sie hätten sich den Hals brechen können, verdammt nochmal!"

"Aber nein", erwidert er mit einem belustigten Kopfschütteln, "denn sehen Sie, ich falle nie."

Ich biete ihm einen Platz im Sessel an und wundere mich beim näheren Hinsehen über seinen Frack mit den hell glänzenden Flecken, wie von Sternenstaub berieselt. An einem Finger trägt er einen rubinroten

Ring, in einem eigentümlichen Feuer brennend. "Nun denn, kenne ich Sie?", frage ich mit verblüfftem Unterton.

"Das will ich meinen", wirft der Unbekannte mit einer grazilen Handbewegung ein. "Ich wohne ganz in der Nähe, Mondgasse 4, zwei Straßen weiter gegen Sonnenuntergang. Ich hatte schon lange den Wunsch, Sie kennenzulernen, aber bislang fand ich keine passende Gelegenheit dazu, was im Übrigen nicht meine Schuld war."

"Wie das?", entgegne ich entrüstet.

"Nun, Sie haben auf mein Klopfen bisher nie geantwortet." Seine Stimme hat etwas Resolutes, Endgültiges.

Gehemmt durch das skurrile Durcheinander der mich überfallenden Eindrücke sickern seine Worte nur langsam und widerwillig zu mir durch, bis sie endlich klar und deutlich vor meinem Bewusstsein stehen, und dann bin ich nicht Herr über den Unmut, der aus mir herausbrechen will. Seine letzte Bemerkung dient ganz offensichtlich, so denke ich, dem Zweck, mich zu verärgern, und so kocht in Sekundenschnelle die Wut in mir hoch. Zwanghaft wachsend fühle ich den Drang, irgendetwas empört Rechtfertigendes einzuwenden. Meine Worte nehmen Anlauf, aber er kommt mir zuvor mit einer bemerkenswert raschen Bewegung. Sanft sich aus dem Sessel herüberbeugend, drückt er mir etwas Kleines,

Kaltes und doch sonderbar auf meiner Haut Pulsierendes in die Hand. Ich bin ohne Gegenwehr ... wie der Zeuge einer fernen, unpersönlichen Handlung.

"Sie haben, glaube ich, etwas verloren." Seine Stimme wirkt beruhigend wie Äther auf mich. Nach einer kurzen Pause fährt er fort. "Es hat vorher einem Toten gehört, nun scheint es Ihr Eigentum zu sein." Flüchtig geht sein Blick zum Sekretär. "Bewahren Sie ihn gut auf. Nicht immer ist ein ehrlicher Finder zur Stelle."

Ich kann den Aufruhr meiner Gefühle nicht beschreiben und noch weniger das Lächeln, das über die zeitlos unausdeutbaren Züge des Alten geht. Während ich noch zögere, macht er mit dem Kopf stumme Zeichen der Aufforderung, mir endlich das Fundstück anzuschauen.

Grenzenlos staunend und zugleich in höchstem Maße verwirrt über diese plötzliche Wendung, die sich in meine bisherigen Erfahrungen nicht hineinkartographieren lässt, senke ich die Stirn und blicke hinunter auf die Mulde meiner Handfläche, von wo aus etwas Mattglänzendes zu mir heraufblinkt ... Aber ich muss meine Augen mächtig anstrengen: Wie aus goldenen Spinnweben scheint es gemacht, so zart, dass sie unter meinen Blicken fast verwehen, und doch hält ein seltsam selbständiger Wille, den ich mir in keinster Weise erklären kann, das Gespinst in einer losen, ungewissen Form zusammen gegen die Auflösung zurück in ein unsichtbares

Reich. Der Eindruck verfestigt sich in mir, dass ich nur den stumm ins Sichtbare manifestierten Teil von etwas viel Größerem vor mir sehe, dass das eigentliche, hintergründige Geheimnis meinen Blicken mit unüberwindlicher Beharrlichkeit trotzt, solange meine Augen in Maß und Gewohnheit an die Dinge dieser Welt gebunden sind. Allmählich jedoch klart sich mein Blick. Wie Nebeldünste unter der frühen Morgensonne nach und nach entschwinden, greifen feste, verlässliche Konturen, anfangs noch schüchtern, dann immer deutlicher werdend, in die Wirklichkeit. Als ich das Ding schließlich erkenne, erfasst mich ein tiefes Erstaunen, denn in meiner Hand halte ich einen reizvoll verschnörkelten Schlüssel.

Ratlos wandert mein Blick zum Gesicht meines Gastes zurück.

"Gebrauchen Sie ihn mit ... Verstand", sagt der Alte und zwinkert mir leutselig zu.

"Ich verstehe nicht ... ?", hauche ich verlegen hervor.

Da klopft es erneut, aber ehe ich etwas sagen kann, ruft der Alte mit lauter, hocherfreuter Stimme: "Kommt herein, die Pforte ist heute Nacht nicht verschlossen."

Der Wechsel kommt mit Blitzesschnelle. Ich habe meinen Kopf kaum zur Seite gewandt, da steht plötzlich mitten im Raume, wie aus dem Nichts herausgewachsen, eine Schar grüner, runzliger, spitze Hüte tragender Männchen, in weißes Leinen gehüllt, sieben an der Zahl, ... aber ich habe nicht gesehen, dass die Tür aufging!

Ihre Gestalten scheinen aus phosphoreszierendem Nebel gemacht, aber sie haben keine Beine, wie ich mit Erschrecken erkenne. Sie hocken am Boden wie dem Erdreich entrissene Wurzelknollen; von ihrer Hüfte abwärts zieht sich ein langgezogener, zum Ende hin wieder dünner werdender Sack, an dem schmale, spindeldürre Fortsätze abspreizen, nach hinten.

Ein katzenstrenger Geruch entströmt ihrer Kleidung und noch etwas anderes, Feineres: Es riecht dünn und erinnerungsschwach nach verwelkten Blättern, die lange im Moder lagen. Artig die Hüte vor mir lüftend, grinsen sie mich aus gelblich trüben, knorrigen Lippen an und erwecken in mir eine urvertraute und doch halbvergessene Erinnerung. Die Irritation verfliegt, als ich den Alten mit halb tadelndem, halb besorgtem Tone fragen höre:

"Habt ihr denn eure Herrin nicht mitgebracht?"

Stimmchen, von so fremdartigem Schlag der Zunge, dass ich überrascht die Augenbrauen hochziehe, fluten wild und ungestüm in den Raum, es klingt nach gebrochenen Lauten und Katzenmiauen; ganz aufgeregt scheinen sie mir zu sein, wie die bestürzten Mienen auf ihren altersmorschen Gesichtern ganz unverkennbar verraten.

"Ach!", stöhnt der Alte. "Frau Mab ist krank und lässt ihr Fernbleiben entschuldigen. Ich hoffe, der Hüterin der Träume geht es bald wieder besser."

Warum nur habe ich den Eindruck von einem sorgsam inszenierten Theaterstück? Und doch bin ich kein unbeteiligt gaffender Zuschauer. Etwas wirkt mich mit hinein in die stoffwandelnde List dieses Arrangements. Ich sehe mich von nahem und fernem zugleich seltsam betäubt auf der Bühne eine Rolle spielen, die mit jedem neuen Akt von einer unsichtbaren Zauberfeder umgeschrieben wird.

Die Schar der kleinen Kobolde rückt kriechend vor die Füße des Gevatters. Ganz eng drücken sie sich an seine Beine, der Kleinste sitzt auf seinem Schoß, und alle blicken sie mich an mit großen, wunderlich aufgesperrten Äuglein.

Draußen rauscht der Wind an den Fensterscheiben vorbei und entweicht kleinlaut durch die Labyrinthe einer silberschwarzen Nacht.

Der Alte richtet seine Rede erneut an mich, erzählt mir irgendetwas, das ich im selben Augenblick, wie es meine Ohren streift, wieder vergesse. Wie eine Windbö, die in eiskalten Nächten während eines Spaziergangs an einem vorbeijagt und bei dieser kurzen, hastigen Berührung auf der Haut ein schauderndes Prickeln zurücklässt, kommt es mir vor. So scheint der Mund des Alten die Öffnung eines endlos gähnenden Schlauches zu sein, aus dem unzählige Winde herausfahren. Seine Worte sind flüsterdünn und finden keinen Halt an den glatten Spiegelflächen meines kurzatmigen Begreifens. Fast ist mir, er rede zu einer Person, die unsichtbar neben mir steht. Er lacht vergnügt auf, als er mein verdutztes Gesicht bemerkt.

"Nein, Sie irren, mein Freund, wenn Sie ein Geheimnis vermuten in den Spiegelbildern der Vergeblichkeit. Wenn aber im Krähenflug nun Weisheit wär' und Tanz der unsichtbaren Mächte, würden Sie dann immer noch der Erbschaft ihres Blutes vertrauen? Der Traum ist älter als der Träumer, der in verbuhlter Unterwürfigkeit sich an die Wirklichkeit verkauft für eine Handvoll Lügen. Der Traum hinter dem Träumer, den Sie mit ahnungslosem, unmündigem Vorwitz 'Abgrund ohne Wiederkehr' nennen: Morgenröte des Erwachens, ein Reich unausrottbarer Augenblicklichkeit, ohne den Modergeruch der Vergangenheit und die Selbstironie der Gegenwart ... die gestaltende Kraft der Zukunft, im Gegenkreis wirkend zur Zeit, so nenne ich ihn. Kann es sein, mein Lieber, dass Sie verlernt haben, gegen den Uhrzeigersinn zu leben?"

Frostige Finger berühren meine aufschreiende Seele, aber als ich sprechen will, versagt meine Stimme, vermag den Raum nicht mit Worten zu füllen.

Die Kleinen zeigen sich immer zutraulicher und schwärmen nun weg aus der Nähe des Alten. Wie sie so umherschleichen zwischen den Stühlen und

Tischen auf ihrem sackartigen Fortsatz, kommt mir das Bild von ... Schnecken in den Sinn. Gespannt spitze ich die Ohren, kann aber keine schleifenden und schlurfenden Geräusche hören.

Einige der Kobolde haben die Zimmerecken erreicht. Mich packt ein Entsetzen mit eisernem Griff am Nacken. Ein Aufschrei will mir auf die Lippen springen: Denn sie beginnen, mit ihren gelenkigen Spinnenfingern die Wände hochzukriechen, ganz leicht und mühelos, und wie sie an der Tapete hängen, unter der Decke und am Türrahmen, graben sich ihre nervigen Finger unbekümmert hinein ins Mauerwerk, als bestünde die Wand aus feinem löchrigen Sand. Schrilles Jauchzen und ergötzlich sich überschlagende Freudentöne schießen aus ihren Mäulern.

Wild jagt eine Rotte düsterer Gedanken über das verwüstete Schlachtfeld meiner Wahrnehmung. Ich kann nicht glauben, was ich sehe, aber noch weniger will ich glauben, dass das Bild vor meinen Augen ein unwirklicher Spuk ist.

Ich gebe mir selbst eine Arznei und schließe die Augen, um so die Herrschaft über meinen Verstand zurückzugewinnen. Als ich sie wieder aufschlage und umherblicke, sind die Wände leer und ohne die geringste Delle.

Mir wird so bange und unbehaglich zumute, dass ich ängstlich zum Alten hinüberstarre. Mein fragender Blick ist offen wie eine Wunde.

"Wände sind Grenzen", fließen seine Worte zu mir herüber, "... für einen gebrochenen Geist."

Plötzlich sehe ich einen der Kobolde auf mich zukrabbeln; die Hand vorgestreckt will er mein Bein berühren. Ich weiche vor der vortastenden Klaue weg. Wie ein lebender Schreck hängt das Bild von der nachgiebigen Wand voller Grässlichkeit noch deutlich und peinigend vor meinen Augen. Was, wenn auch mein ... ? Ich wage nicht, den Gedanken zu Ende zu denken. Die Arme um die Schienbeine gepresst, hocke ich auf der Couch und in mir rebellieren die sorgsam aufgehäuften Erkenntnisse eines ganzen Lebens.

Von unten her starrt mich der kleine Kobold feindselig an. Seine Fratze ist wutverzerrt. Da reißt er die Lippen zurück wie ein Frosch, der seine klebrige Zunge nach einer Fliege auswerfen will.

"Lass das!", ruft die niederdonnernde Stimme des Alten dazwischen und reißt mich jäh aus dem Banne der Furcht.

Als ich wieder zum Kobold hinblicke, ist er verschwunden wie auch seine ganze Gefolgschaft.

Wieder klopft es ..., nein, es ist eher ein Kratzen, Schnarren, Schaben unter dem Teppich hervor, und darin untergemischt: ein rhythmisch schlagendes Pochen wie von Trommeln, so feindselig, dass es mir vorkommt wie eine unverhüllte Drohung.

"Die da unten geben nie Ruhe", höre ich den Alten wütend sagen. "Was für ein fieberkranker Ort, wo die Leichen lagern in undurchdringlicher Dunkelheit und langsam vergehen im Dunst der Fäulniswärme. Warum begrabt ihr sie mitten in euren Behausungen?", richtet er die Frage an mich und lächelt dabei wie ein schelmenhafter, schadenfroher Teufel.

Er steht auf, beugt sich herunter nach dem Zipfel des Teppichs und fragt mit einem Blick auf mich zurück: "Wollen wir sie zu uns hereinbitten?"

Blass und mit vor Angst verkrampftem Antlitz weiche ich zurück an die Wand. Mir wird kalt, als würde alles Blut aus Händen und Füßen ins trommelnde Herz zurückschießen. Der Alte lächelt verschmitzt, während er langsam, Ruck für Ruck, den Teppich an seiner ausgestreckten Hand in die Höhe zieht und ein unmenschlicher, schriller Schrei von meinen Lippen wegjagt ...

In dem Moment erwache ich auf der Couch und schlage die Augen in wilder, entsetzter Furcht auf. Kalter Atem wie Gefrorenes hängt an meinen fühllosen Lippen.

Hastig blicke ich um mich und halb kenntliche Konturen, lauernden Reptilien gleich, verbeißen sich in die Dunkelheit. Aus der frühen Abendstunde ist, wie ich feststellen muss, tiefe Mitternacht geworden. Die Zeiger einer fernen Schicksalsuhr stechen durch meinen Kopf. Wo bin ich all die Stunden gewesen? Wo bin ich jetzt?

Vergessenheit umfängt mich, die gefräßige, nimmersatte Larve aller Dinge, ein ewiges Gedärm, das Zeit verschlingt und Schweigen gebiert, von Atemzug zu Atemzug verrauschend. Ganze Geschlechter sind verpuppend und schlüpfend aus diesem Kokon hervorgegangen und wieder im Tod versunken, zurück in eine Leere ohne Form.

Ich lasse den Kopf zurückfallen auf die weiche Lehne der Couch. Wie warmes Wasser läuft ein Gedanke über meinen Geist. Alles war nur ein Traum, beruhige ich mich, denn das Gegenteil wäre nicht auszudenken ... das Gegenteil wovon?

Ich weiß, wenn ich jetzt das Licht der Deckenlampe anknipse, wird eine Täuschung die andere verdrängen. Das will ich nicht. Im Traum liegt die Seele wach, flüstert es mir von irgendwoher zu.

Langsam wandern meine Blicke nach dem unverhangenen Fenster hin und hinaus in die Blässe einer silberhell durchweichten Mondnacht. Es ist gespenstisch still und ich bleibe liegen, rätselhaft aufgewühlt von der Erinnerung an die scheintoten Augenblicke, die ich im Traum durchlebt.

Der seltsame, halb erregte, halb schläfrige Zustand von Ungewissheit bindet meine Empfindungen an einem gefühlskalten Pflock fest. Ich weiß: In die

Bahn der nächsten Augenblicke wird ein alles versengender Komet einschlagen. Und wie ich so erwartungsbange in die Zukunft starre und die Gespenster der Gegenwart um mich herum verblassen, sehe ich ganz in der Ferne von den verwaisten Brücken der Zeit her einen verhärmten, herrenlosen Schatten auf mich zukommen.

Die bleierne Benommenheit von mir abzuschütteln, richte ich den Oberkörper auf, ich will gerade aufstehen, stocke aber in der Bewegung, als sich mir jäh ein seltsames Schauspiel darbietet: Ein aus dem Fenster hell eindringendes Bündel von Mondstrahlen fällt auf die glatte, polierte Oberfläche meines Sekretärs an der Stirnwand des Zimmers mir gegenüber. Und wie der vortastende Lichtschein das Holz zum Aufschimmern bringt, hebt sich eine leuchtende Schrift flimmernd vor meine Augen.

Im ersten Moment will ich es als Blendwerk abtun, als eine Sinnesverwirrung, hervorgerufen durch die Schläfrigkeit meines Gemüts, aber auch das Reiben der Augen wischt die Schrift nicht von der Wirklichkeit weg. Wie mit Feuerzungen brennt sie sich in meine Pupillen. "Öffne mich um Mitternacht", steht dort geschrieben mit den grässlichen Leuchtfingern des Mondes.

Minutenlang, will mir scheinen, hängt mein Blick an diesem wunderlichen Schriftzug, dann schiebt sich am Himmel eine schwere Wolke vor den Mond, verschlingt die Lichtbahn und reißt die gespenstischen Buchstaben mit in die Dunkelheit zurück. Mit fiebernder Ungeduld und Spannung warte ich, bald flehend, bald furchtsam, auf die Wiederkehr der Schrift.

Als nichts geschieht, trete ich mit laut klopfendem Herzen an den Sekretär. Alles in mir schreit verzweiflungsvoll nach einer Erklärung. Ja, so muss es sein, drängt sich die rettende Lüge ins Gewirr meiner Überlegungen. Die Schrift war immer schon ins Holz eingraviert gewesen, so fein, dass ich sie bei Tage nicht bemerkt habe. Vorsichtig tasten meine Finger über das Material, aber unter meiner Berührung bleibt alles glatt und fugenlos wie aus einem Stück.

Im selben Augenblick, die Wolke draußen muss weitergewandert sein, fällt an mir vorbei wieder Mondlicht auf den Sekretär, und wo eben noch Schwärze thronte, glänzt mit umso hellerer Strahlkraft, als wollte jemand seinen Gedanken zu Ende bringen: "... oder verharre in den Grüften der Welt."

Wie aus Nebeln taucht auf einmal ein Erinnerungsbild in mir auf, ganz klein und verschwommen unter Wirbeln. Der Schlüssel! Wo habe ich nur den Schlüssel gelassen ... vom Alten?

Kaum ist der Gedanke in meinem Kopf erwacht, fühle ich in meiner schweißnassen Hand etwas Festes. Ein Aufatmen in meiner Brust wie das ferne Rauschen von pechschwarzem Wasser an den Küsten eines Traumes. Zu allem entschlossen stecke ich den Schlüssel ins Schloss, und doch zittert meine Hand, als ich das Ding herumdrehe.

Die Schreibplatte sinkt herab.

Offen steht der Sekretär vor mir, und Enttäuschung trifft mich wie ein Axthieb, wie ein Becher mit Gift schmeckt der quälende Augenblick. Das Innere ist völlig leer. Aber nicht ganz, bemerke ich, denn an der Rückwand hängt ein kleiner, fast erblindeter Spiegel, und jetzt, da ich den Kopf ein wenig herunterneige ...

Meine Glieder erstarren vor Schreck. Ich sehe, wie sich mit entnervend widerstrebender Langsamkeit ein dünner, behaarter Finger aus dem grün überlaufenen Glas hervorbohrt, dann ein zweiter und dritter, eine ganze Hand und da ... der Siegelring des Alten!!!

Wie eine sich über ihr hilfloses Opfer beugende Spinne krümmen sich die Finger um das Spiegelglas zu einem unentrinnbaren Griff. Ich höre ein Knirschen und Krachen, das Glas zersplittert in zwei Teile und ein Wehelaut entflieht silbern in die Nacht. Gleich darauf werden die Glasscherben in den dunklen, schmatzenden Abgrund dahinter gezogen, bis ein Loch maulartig in der Finsternis tobender Schatten aufgähnt.

Ich kann mein Auge von diesem Anblick nicht losreißen, wiewohl sich alles in mir zur Flucht drängt.

Irgendetwas hält mich fest, zwingt meinen Willen unter einen fremden Bann. Und ich fühle, wie eine gebieterische Kraft, die zu verstehen mir jeder Anhaltspunkt fehlt, mich auf die Größe eines Gedankens zusammenschrumpfen lässt. Und wie alles um mich herum in Bedeutungslosigkeit zerfließt, schlingt mich die Finsternis jäh zurück in eine uralte vergessene Heimstatt, wo die Träume, weit mächtiger als die lichtumflutete Wirklichkeit, von Anbeginn an ihre Wiege haben.

Stinker

„Was ihr getan habt einem unter diesen meinen geringsten Brüdern, das habt ihr mir getan.“ (Matthäus 25,40)

Wie an jedem Abend, wenn die untergehende Sonne ihre ermattete Glut über die Dächer verstreute, betrat ein magerer, hochgewachsener Student der kabbalistischen Künste die Salpetergasse und lenkte seine Schritte auf das altersmüde ächzende Haus der Zünfte hin, das mit seiner rechten Flanke gegen den städtischen Friedhof mit der hohen Steinmauer grenzte. Düster schauten die gläsernen Augen der Bogenfenster auf den gepflasterten Gehweg hinab, wo um diese Zeit kaum eine Menschenseele umherging.

Ein wenig abseits von der verschnörkelten Eingangspforte und halb im Schatten der herabhängenden Äste einer stattlichen Linde saß an diesem Abend der verarmte, in einen verschlissenen Gehrock gekleidete Xervian Grünspan gegen die Häuserwand gelehnt und erbettelte sich mit vorgehaltener Mütze das Kleingeld für das Armenhaus der Stadt, wo er die Nacht mit Ausruhen und Schlafen zubringen wollte, um mit dem Morgenrot dann weiterzuziehen auf seiner Reise ins Unbekannte.

Sein Leben war einer einzigen Leidenschaft geweiht, welche die Welt jedoch mit Missachtung geißelte.

Früh schon war in ihm die unstillbare Liebe zum geschriebenen Wort entflammt, doch weil er in seinen Erzählungen von Dingen sprach, die in den Ohren seiner Mitmenschen kein wohlwollendes Echo hervorriefen, geriet seine ganze Existenz mit der Zeit in den Ruin, er verwahrloste zusehends, verlor schließlich Heim und Haus und Bürgerglück, und vagabundierte seitdem als heimatloser Landstreicher durch die weite Welt. Auf seiner Wanderschaft von Ort zu Ort, durch blumenreiche Täler und über beschwerliche Anhöhen hinweg folgte jedem seiner Schritte der stumme Aufschrei seines Herzens, darin eine Trauer wohnte, die in einer Welt schön geschminkter Versprechen keinen Trost mehr fand.

Nun geschah es an diesem Abend, dass der Student auf dem Weg zu seinen Kommilitonen, die dieses ruhmverwitterte Haus bewohnten mit dem Wappen über dem Türsturz aus zwei ineinander gewundenen Schlangenleibern, bei dem Bettler abrupt stehenblieb und diesen aus einer willkürlichen Laune und Abschätzigkeit heraus aus vollem Halse anspuckte.

Xervian Grünspan blickte entrüstet und zugleich ungläubig zu dem Gesicht des jungen Menschen empor, und er sah, wie aus dem Schatten eines Lächelns eine unverhohlene Schadenfreude herausglänzte. Doch weil der Groll seit geraumer Zeit aus seinem Herzen gewichen und auch die tapfere Stirn, die solcherlei Respektlosigkeiten einst in Wort und

Tat erwidert hatte, längst dahingewelkt war, sagte er lediglich mit der Höflichkeit eines alten Greises: "Warum tust du das, junger Mann? Ist mein Elend nicht beklagenswert genug, dass ich dir nun noch zum Spiegel dienen soll für deine kühne Selbstüberschätzung? Sieh, ich bettle hier für eine kurze Frist, erbitte mir nur ein kleines Almosen, das in Mildtätigkeit zu geben kein christliches Herz je kränken könnte, und morgen zieht mich mein Geschick wieder fort zu einem anderen Ort. Was also gewinnst du, wenn du in deiner Flegelhaftigkeit so auf mich herabhöhnst?"

Der Student, der das Ansehen seiner Zunftmeister genoss und überhaupt sehr respektiert war im Stadtvolk, wohl auch, weil niemand die nötige Courage aufbrachte, ihm zu sagen, was für ein ehrloser Schuft er in Wahrheit war, verzog die Unterlippe voll Ekel und presste ein einziges Wort hervor, das jedoch angefüllt war mit dem ganzen selbstgefälligen Spott eines Nobelmannes: "Stinker!"

Mehr sagte er nicht, doch ehe er weiterging, kramte er in seiner Hosentasche ein Geldstück hervor und warf es vor dem Bettler hin. Mit einem silbernen Klang rollte es über das harte Steinpflaster und verschwand im Abflussgitter des Rinnsteins.

Dann setzte er seinen Weg fort zu dem Gebäude, wo ihn seine Freunde erwarteten, um sich die neuesten Geheimnisse und Entdeckungen in der Kunst des großen Scheins um einen kleinlichen Sinn erzählen zu lassen.

Die Mächte, die diese Welt in einem verschlungenen Griff halten, sind von launischem Unbestand. Nie erblickt man das Ende der Taten, die der Mutwille heraufbeschwor, und so gehen unbedachte Menschen oft am Echo eines einzigen Augenblicks zugrunde.

Nun hockte gerade in diesem Moment ein kleiner Teufel, kaum größer als eine Nachtigall vom Wuchs, verborgen im Blätterkleid auf einem hohen Ast der Linde und wurde Zeuge dieses seltsamen Geschehens. Der Teufel war so winzig, weil alles Mitfühlen in ihm über die Dauer seiner gramgebeugten Existenz weggetrocknet war.

Früher, als er noch in goldener Lichtgestalt über den Wolken und Himmeln schwebte, betrachtete er die Werke der Menschen aus der Ferne mit Milde und schüchternem Wohlwollen. Nun jedoch, als Engel, der von seiner Wolke mitten in die verfinsterte Menschenwelt heruntergefallen war, kannte sein erkaltetes Herz nur mehr Rache und war immer auf dem Sprung, Grausamkeiten zu vergelten.

Stinker! Dies Wort des Studenten rauschte wie ein tosender Wasserfall in seinen Ohren, denn unter der Teufelsbrut, der er inzwischen angehörte, war Stinker ihm zum Schandnamen geworden.

'Wie', dachte der kleine Teufel bei sich, 'soll dem Geringsten Leid geschehen, weil ein Größerer seinen Schatten über ihn wirft? Unstrittig roch es hier übel aus dem Munde des Studenten nach Anmaßung. Doch rief der freche Kerl nicht auch meinen Namen?'

Rasch einen Entschluss fassend, schlüpfte das Teufelchen als ätherischer Atem in den Leib des Bettlers hinein, ohne dass sich dieser dagegen wehren konnte, erhob sich aus der sitzenden Haltung und trat an den Rinnstein heran. Und wie er so die Hand über dem Gitter hielt und gebieterisch seinen Zeigefinger krümmte, als befehligte er "Komm her!", schwebte das verlorene Geldstück aus der schlammigen Tiefe durch die metallenen Stäbe nach oben. Der Teufel griff danach.

"Ein 30-Kreuzer-Stück", staunte er verblüfft, "welch symbolischer Wert, Maß und Krone allen Undanks und ein willkommener Anlass für mich, der noblen Nase von Student, diesem schattenkriecherischen Wurm von einem Eulenspiegel, eine Lektion zu erteilen in guten Manieren. Höhne, Mensch, der du dich in deinen Künsten sicher wähnst, und lass dein Kirchturmgelächter durch die Welt erschallen, wie es dir gefällt, die Zeit der Abrechnung kommt auch zu dir und damit der heraufbeschworene Rächer."

Mit zielstrebigem Willen dirigierte er sodann den Leib des Bettlers zum unterm Mondlicht wie eine graue Säule aufragenden Zunfthaus hin, öffnete die unverschlossene Pforte und trat in das schweigende Dunkel der Gänge und Treppen hinein. Eine sichere Nase für studentische Eitelkeit führte ihn zur richtigen Wohnungstür. Still stand er davor und spitzte seine fledermausfeinen Ohren, denen Wände nicht Einhalt gebieten konnten. Er horchte auf das Murmeln hinter der Tür, und ein verschmitztes Lächeln umspielte seine Lippen. "Ei, was für ein wirres Geflüster."

Nach kurzem Besinnen klopfte er laut an das Holz der Tür, denn längst war es unter Teufeln aus der Mode gekommen, durch enge Schlüssellöcher hineinzufegen ins Stubenglück biederer Menschen. Schließlich wurde ihm geöffnet von einem knabenhaften Lehrling mit einem wachsweichen Gesicht, darin die Gelehrsamkeit der Zeit die Zeichen hoher Gesinnung eingraviert hatte.

Der Teufel in Bettlergestalt ging, ohne auch nur im Geringsten den Grund seines Kommens zu erklären, achtlos an dem Knabengesicht vorbei durch den Flur und betrat seiner unbestechlichen Witterung folgend eine geräumige Stube, die vom Licht der brennenden Kerzen, die in einem Kandelaber steckten, wie von einem Ballett umtanzt wurde.

Es war wirklich eine feine Gesellschaft, die sich um den Tisch herum versammelt hatte, mit aus den Mundwinkeln herabhängenden Tonpfeifen, zufrieden mit der Welt und still beglückt von den Segnungen ihrer geheimen Wissenschaft.

Der Student, den zu belehren der Teufel gekommen war, stand wie ein archaischer Halbgott, das Gesicht in eine pathetische Gebärde gedrückt, am Tischrand vor seiner sitzenden Zwergenschar und war gerade damit beschäftigt, mit herumfuchtelnden Händen seltsame Zeichen in die Luft zu schneiden. Von glotzenden Augen bestaunt, ließ er ein unförmiges Gebilde aus Rauch und phosphoreszierendem Staub zwischen seinen Fingern aufwabern. Als er den Bettler an der Stubentür bemerkte, wandelten sich seine Züge plötzlich zu einer Grimasse des Abscheus. Jäh in seiner Konzentration unterbrochen, verpuffte das schemenhafte Gespinst unter einem langgezogenen schrillen Zischlaut.

Den Raum mit weiten Schritten durchquerend trat Stinker vor den baumlangen Kerl und sagte mit einem energischen Tonfall: "Du hast dieses Geldstück verloren, mein junger Galan, nimm es zurück und trage die Zinsen."

"Beim Fürsten dieser Welt!", empörte sich der junge Adept und lief rot an, doch Stinker fuhr ihm schneidend in die Parade.

"Verbrenne dir die Zunge nicht, wenn du dich unterstehst, den Finstergesichtigen anzurufen. Viel ärmer musst du sein in deiner Weltverachtung und weniger reich an salbadernder Ignoranz, um der Ehre teilhaftig zu werden, seinen Namen überhaupt auszuhauchen."

"Wer ist das?", fragte neben dem Studenten ein pickelnarbiger Jüngling, der prompt die Hände auf die Tischplatte stemmte und seinen schmächtigen Oberkörper in die Höhe wuchtete.

"Nur ein gutmütiger Trottel", antwortete der Student wegwerfend, "für jeden Fußtritt käuflich. Er bettelte draußen vor dem Tor, eine verworfene Seele, nichts weiter, und weil es mir gefiel, spuckte ich auf ihn herab. Was schadet 's! Ich tat ihm gar einen Gefallen, als ich ihn Stinker nannte." Und zum kleinen Teufel gewandt, fauchte er: "Was willst du, Bettlerlump, sei zufrieden mit dem, was ich dir gab, und hoffe auf keine größere Gunst. Ich gab dir mehr, als du verdienst, als ich dich zum Spucknapf eines Edlen machte."

Stinker warf das Geldstück auf den Tisch und zischte leise: "Fürchte den Fluch, er ist deinem Herzen näher, als du glaubst. Auf den Bettler magst du schimpfen, wehrlos wie er ist, und spielst in einfältiger Runde gern den großen Magister. Was aber, wenn sich dir ein rußschwarzer Höllenbruder entgegenstellt?"

"Verschwinde, elender Narr, sonst rufe ich die Gendarmen", erwiderte der Student aufgebracht und warf sich in eine wütende Pose.

Stinker trat zur Tür zurück und ging hinaus mit einem stillen Lächeln, als er sah, dass der Student das Geldstück in die Hosentasche steckte.

"Warum nanntest du ihn Stinker?", fragte ein Zunftgenosse mit schütterem Haar.

"Nur so! Ich war in guter Stimmung für einen Spaß. Er ist ein Nichts, eine Eidechse von Mensch, ein Hundsfott der übelsten Art, doch gut genug, dass man sich an ihm die schmutzigen Schuhe abtritt", entgegnete der Student mit schadenfrohem Sinn.

"Er sprach, als wäre er ein anderer", tönte es aus einem Bierfass von einem Zechkumpanen heraus.

"Da siehst du, wie recht ich hatte", schnippte der Student gönnerisch.

Draußen im Hauskorridor schlüpfte der Teufel aus der engen Bettlerhaut heraus, und verwirrt darüber, wie er hierhergekommen war, stieg der Wandersmann die Treppenstufen hinunter und verschwand schließlich in der sternenlosen Nacht ...

Am nächsten Morgen erwachte der Student aus einem alptraumbedrängten Schlaf. Ein Zwerg von einem Teufel habe, so hatte er geträumt, ihm in die Nase gebissen, und über die Wunde sei ein Sekret von abscheulichem Gestank in sein Blut geflossen. "Träume sind nur fauler Zauber", rief er, schüttelte den Kopf und schwang sich aus dem Bett. Fast wäre er gestürzt, denn eine unerwartete Schwäche befiel seine Glieder und sein Gesicht schien seltsam zu brennen. Mühsam schleppte er sich bis zur Kommode aus hellem Kirschbaumholz und warf einen Blick auf den runden Spiegel, der darüber an der Wand hing. Ein Entsetzen sprang ihm aus dem Spiegelglas entgegen.

Blutige Wundmale stachen auf seinem Nasenrücken hervor, ganz deutlich in der Form eines Bisses, und während er seinen geschändeten Zinken voller Unglauben begutachtete, platzten sie plötzlich auf zu kleinen, schwärenden Flecken, aus denen bestialischer Geruch entströmte und sich schwer im Zimmer verbreitete. Schwindel legte sich über die Augen des Studenten und benommen torkelte er zu seinem Bett zurück.

In den folgenden Tagen eiterte sein ganzer Körper, ein Wurm schien sich durch ihn hindurchzufressen, nagte mit unersättlichem Hunger die Gedärme an. Seine Sehkraft schwand, und alle Heiterkeit, mit der er die Welt zuvor so großmäulig mit stolzen Worten von der Kanzel seiner Eitelkeit herab abgeurteilt hatte, verging zu einem hündischen Winseln. Wo war sie nun hin, seine kavaliershafte Selbstgefälligkeit, die ihn achtlos werden ließ gegenüber einem Bettler?

Die Ärzte wussten sich keinen Rat und verließen nur zu geschwind den Raum voll kränklichster Ausdünstungen. Sie hatten dem Studenten Morphium verabreicht, um sein Leiden notdürftig abzumildern. Doch ein stärkeres Gift, gepaart mit einem diabolischen Willen, hielt sein Bewusstsein wach, qualvoll gefesselt an einen Marterpfahl. Längst waren die Lippen aufgesprungen, schwarzen Brandflecken gleich, aus denen in Rinnsalen gelblicher Saft herauströpfelte.

Seine Freunde besuchten ihn jetzt, wo er für sie wertlos geworden war, nicht mehr. Nur der Mond kam und ging des Nachts an seinem Fenster vorbei. Sieben Tage und Nächte schleppte sich sein Leiden dahin. Flammend fraß sich das Fieber durch seine Sinne. Er halluzinierte, sah faustgroße Fliegen im Zimmer herumschwirren, mit dem Gesicht des Bettlers, der ihn aus listigen Augen musterte.

"Ich träume im Wahn ...", stöhnte der Student.

Aus einer dunklen Nische hinter den Büchern auf der Regalwand gegenüber seinem Bett starrte ihn plötzlich eine kleine Gestalt an, in den winzigen Händen hielt sie eine Münze, und sie sprach: "Nun, meinen Odem hast du bereits gekostet und er scheint dir nicht zu schmecken, doch nimm als Trost für alle erlittenen Entbehrungen dieses kleine Geldstück. Es soll dir als Obolus dienen für den wirrbärtigen Fährmann bei deiner Fahrt über den Styx."

Die Münze landete weich auf der Bettdecke, doch als der Student danach griff, brannte sie in seiner Hand wie entflammter Phosphor, vermischt mit Schwefel. Unter unerträglichen Qualen bäumte er sich noch einmal auf und verschied mit einem letzten Zucken.

"Man soll den Teufel nicht hervorlocken mit frechem Wort, wenn man selbst nur ein parfümierter Schleimbeutel ist", sprach die Gestalt auf dem Bücherbord und wurde um die Breite eines Gedankens kleiner und schwärzer.

Wette gegen den Teufel

Ein Glas nach dem anderen hatten wir die Kehle heruntergespült, hatten so viel gesoffen wie eine ganze Republik von Fuhrwerkern, aber der Ungar war trotz seines Alters von erstaunlich robuster Statur. Kräftige Holzhackerarme hingen von seinen Schultern herab und sein Kreuz, an dem eine Abendgesellschaft ihre Garderobe gut und gerne hätte aufhängen können, war das eines Riesen. Ich hatte ihn ganz zufällig kennengelernt, wie man sich eben so über den Weg läuft in einer engen Kneipe, und eine warme, herzensvolle Neigung zu ihm gefasst.

Wir standen wohl unter jenem redseligen Rausch, der unbesonnene Worte anzuziehen pflegt wie das Licht einen Schwarm Mücken unter einer nächtlichen Laterne. Jedenfalls hatte mich Stanowsky recht durstig gemacht mit seinen unerschöpflichen Geschichten vom Leibhaftigen und seinen Argwohn in Menschenherzen einflößenden Umtrieben. Märchen, für Kinderohren gemacht, dachte ich bei mir, und doch haftete ihnen eine grässliche, unter die Haut kriechende Kälte an, fast so, als hätte der Alte in seinem entbehrungsreichen Leben als Kupferstecher, Schmied und schließlich Hafenarbeiter in der Tat hier und da Einblicke in die Machenschaften des Teufels gewonnen. Vielleicht lag es auch an der überaus lebendigen Art der Schilderung und dem scharfen Ton seiner Stimme, dass ich wider Willen in seinen Bann gezogen wurde.

Der Schnaps vertrieb wenigstens die gröbste Gewissenspein, die Christenmenschen leicht befällt, wenn sie sich plötzlich bedrängt fühlen von ihren eigenen lebenslangen Sünden. Die eine oder andere nagte auch an mir, die zu vergessen und zu verstauen mein Gedächtnis nicht genügend große Taschen besaß.

Auf dem Nachhauseweg, er hatte mir angeboten, mich ein Stück weit durch die Nacht zu begleiten, was ich dankend annahm, da die Straßen und dunklen Gassen zu dieser späten Stunde von Krakeelbrüdern und Halunken nur so wimmelten, schwatzte mir der Alte die Ohren voll mit seinen ekelhaft ins Gebein greifenden Erzählungen. Mit einem Mal packte er mich hart an der Schulter, seine Finger gruben sich wie Adlerklauen in mein Fleisch, während sein fuseldurchtränkter Atem meine Nase aufs Ärgste peinigte. "Gregor", sein Gesicht verschwörerisch an meines drückend, "der Teufel kommt nie zu einem, der es nicht auch verdient hat!"

"Ja, ja", entgegnete ich angewidert und versuchte, mich aus seinem lästigen Griff herauszuwinden. Er aber hielt mich hartnäckig an der Schulter fest.

"Manchmal jedoch schickt er einen Boten voraus, hörst du, einen Wegbereiter, so wie beim Gekreuzigten in der Religion, du weißt schon, einen, der das Terrain sondiert und feierlich einweiht. Nur ist es beim Teufel eben irgendwie alles andersherum."

Er wischte sich einen klebrigen Speichelfaden mit dem Handrücken von den Lippen und fuhr dann mit geheimnisvoll unterdrücktem Flüsterton, sich nach links und rechts umschauend, fort. "Ein Dämon, der einem etwas Wichtiges wegnimmt, gilt als das sicherste Anzeichen für die Teufelsankunft. Nicht einmal ein blasphemisches, rückwärts hingemurmeltes Gebet könnte den Fürsten der unterirdischen Grotten so gut anlocken, wie wenn einer aus seiner rabenschwarzen Brut in ein Menschenleben tritt und es ... ins Gegenteil verkehrt. Habe es selbst einmal so erlebt", beteuerte er mit einem irren Anflug von Angst, und aus seinen glühenden Augen schien die Hölle selbst herauszulodern.

Plötzlich ließ er mich los, taumelte einen Schritt zurück und lehnte sich schwer ächzend gegen die graue Hauswand zu seiner Rechten, als hätte die Erinnerung an das von ihm im Dunst des Alkohols heraufbeschworene Erlebnis vergangener Tage wie eine Hand nach ihm gegriffen.

"Und? Was war?", stocherte ich, neugierig geworden, nach. "Hast du ihn gesehen, den ..."

Aufgeregt fuchtelte er mit den Armen herum, als müsste er meine Worte verscheuchen, und stand kaum einen Augenblick später wieder neben mir, die behaarten, bärenstarken Hände auf meinen Mund gepresst.

"Wahnsinniger! Sei still! Man spielt nicht mit unheiligem Feuer!"

Ach hätte ich damals, nachdem ich seine Hände mühsam weggedrückt hatte, den losen Faden bloß nicht ergriffen, der aus seinen furchtsamen Worten heraushing.

So aber drang ich von Neuem in ihn ein. Aus Schadenfreude wohl, denn ich bemerkte mit hämischem Vergnügen, dass sein Gesicht einem Kreidefelsen nicht unähnlich sah, ganz weiß und blutleer, die spröden Lippen, die eben noch über den Teufel schwadroniert hatten, zitterten in der Düsternis der halb beleuchteten Gasse.

"Zier dich nicht wie ein Geizhals, rück schon den Taler heraus!", suchte ich seine Halsstarrigkeit zu erweichen.

"Nein!", schimpfte er. "Es klebt ein Fluch daran."

"So schlimm kann es nicht sein. Du siehst noch recht rüstig und sprunghaft aus in deinen alten Gelenken, und deine Seele scheint um keinen Deut weniger unverwüstlich zu sein."

Er wandte sich von mir ab in der Haltung eines innerlich gebrochenen Mannes. "Wenn du wüsstest", hörte ich ihn in tiefster Resignation raunen.

"Ich wette", rief ich plötzlich unbesonnen in meinem kecken Übermut aus, "bei mir würde sich der Teufel eine Abfuhr holen."

"Still, du Narr", zischte er, "fordere den Höllenwurm nicht heraus!"

Doch keine Einsicht konnte mich mehr retten. Der Stolz auf meine Unerschrockenheit hatte mich gepackt. Nun wollte ich den Reim auch zu Ende bringen. "Ich halte die Wette gegen den Teufel. Mag er nur kommen und an meine Tür klopfen. Ich will ihn schon hereinbitten und nach Kräften bewirten. Vor der Vogelscheuche der Kirche ist mir nicht bange."

Stanowsky war unterdessen weitergegangen, mehr torkelnd als auf sicheren Füßen, und während ihn die Dunkelheit verschluckte, hörte ich noch seine müde Stimme flüstern: "Einen Fliegendreck wirst du, einen Fliegendreck ..."

Das Poltern seiner schweren Schritte auf dem Steinpflaster im blauen Mondlicht verhallte hinter der Weggabelung. Dass er als Prophet zu mir gesprochen hatte, begriff ich erst später, als ich frohgelaunt über meinen scheinbaren Sieg die Treppenstufen hinaufschritt und in meine Wohnung trat. Ein Schnarchen aus der Schlafstube, so laut wie ein Sägewerk, ließ mich aufschrecken. Ich schluckte schwer, glaubte mich für einen Moment in der Tür geirrt zu haben, aber als das Deckenlicht allzu Vertrautes in meinen Blick schob, konnte ich mich der Erkenntnis nicht verschließen, dass irgendein Schuft bei mir eingebrochen war und es sich unter meiner Decke gemütlich gemacht hatte. Nun schlummerte der Wicht seelenruhig in meinem Bett.

Einen Augenblick lang fuhr mir der Gedanke an die Herausforderung durch den Kopf. Aber nein, beruhigte ich mich, das war doch nur Ammengeschwätz, trunkenes Gerede und weiter nichts. Mit festen Schritten trat ich auf die Schlafzimmertür zu, riss die Klinke herunter und warf mich den Schnarchtönen todesmutig entgegen ...

Ich habe Stanowsky seitdem nicht wieder getroffen, in den Spelunken am Hafen nicht und auch sonst nirgendwo, als hätte er sich in Luft aufgelöst oder im nebelverhangenen Fluss ertränkt. Ich bereue es zutiefst, ihn nicht nach seiner Adresse oder Schlafstätte gefragt zu haben. Jetzt, wo ich seinen Rat so bitter nötig habe, ist er nirgends aufzufinden. Kein Mensch scheint ihn zu kennen oder etwas über seinen Aufenthalt zu wissen, und dabei habe ich an allen Plätzen nach ihm Ausschau gehalten, wo sich Gesellen seiner Art für gewöhnlich herumtreiben, um sich die kalten Nächte mit goldgelbem Whisky oder in den Armen einer dienstbereiten Dirne zu verkürzen. Vielleicht hat er auf einem Schiff angeheuert oder liegt nach einer wüsten Messerstecherei, versandfertig für das Himmelreich, im Leichensaal des städtischen Krankenhauses. Nun, ich werde wohl nie wieder etwas von ihm hören.

Doch nun zurück zu meiner verlorenen Wette. Haben Sie sich, werter Zuhörer meiner Geschichte, einmal allen Ernstes gefragt, warum man den Teufel den Leibhaftigen nennt? L-e-i-b-h-a-f-t-i-g ! Dieses Wort hat für mich nunmehr eine ganz neue Bedeutung bekommen, einen tieferen, weit schrecklicheren, von jedweder Vermutung befreiten, moralisch gesäuberten, unumstößlichen Sinn. Glauben Sie mir, auch ich war ein solcher Narr gewesen, derer es übrigens viele gibt unter den Menschgeborenen, die die Existenz des Teufels rundheraus leugnen, in ihm bestenfalls eine Figur im jahrhundertealten Bühnenstück klerikalen Bangemachens vermuten, um die Seelenfurcht der Sünder stets von Neuem anzufachen.

Ha, was soll der Teufel denn mit all den Millionen Seelen anfangen? Sie taugen zu nichts, diese Scheiterhaufen aus brennender Pein. Mit dem Leib hingegen ist es schon etwas anderes. Durch ihn fließt der Puls des Universums, alle Kräfte sammeln sich in ihm wie unter einer diamantenen Linse, und wer sie zu gebrauchen und der Wurzeldunkelheit zum Trotz geheime Pfade zu beschreiten weiß, könnte vielleicht sogar das Höllentor öffnen und den Teufel selbst samt Gefolgschaft zum Bankett auf Erden bitten. So wäre Gottes Werk auf alle Zeiten geschändet. Heißt es nicht in der Theologie der Hölle, Gott hat das Fleisch, der Teufel die Köche geschickt?

Doch wie hätte ich dieses Geheimnis begreifen können, als der Menschenleib für mich noch etwas Altvertrautes war? Der Bursche in meinem Bett, der wie ein Dutzend Männer schnarchte, Sie wollen wissen, wer das war? Nun, ich muss zugeben, von Jugend auf schleppte ich dieses Übel mit mir herum, ohne dass ärztlicher Rat mir helfen konnte. Ja, ja, der Kerl, der sich in meinem Federbett ausstreckte, als ich die Tür aufriss und wie ein Derwisch im Zorn ins Schlafzimmer hineinfegte, damals, als ich die Wette gegen den Teufel verlor, war niemand anderes als ich selber, sozusagen mein eigener Leib, von dem ich nun getrennt, fastend als bloße Seele, für eine Frist noch in der Zeitlichkeit umherirre und von Tag zu Tag verblassend dem Nichts entgegendämmere, bis ich eingehen muss in die unseligen Irrgärten der Ewigkeit.

Gestern, als Zorn und Tränen sich in meinem Blick vermischten, schlich ich zu meinem alten Wohnbezirk, lauerte hinter den Bäumen auf einen günstigen Moment, mir meinen Leib zurückzuholen, sobald er durch die Tür ins Freie trat. Aber so gut ich mich auch versteckte, der, welcher nunmehr meinen Leib bewohnt, ertappte mich doch und vereitelte mein hoffnungsloses Unterfangen mit nichts weniger als einem mir wüst entgegengeschleuderten Lächeln, so grauenhaft wie aus dem Almanach der Hölle selbst, dass ich, verwundet im Äther meiner Seele, wie ein geplatzter Luftballon auf und davon stob. Mein Verlust ist nie wieder ungeschehen zu machen, das weiß ich nun; all meine Zuversicht, verprellt von einem allzu raschen Wort, das mir auf die Zunge sprang, als ich den Fluch auf mich herabzog und in meiner blinden Torheit mich selber überlistete.

An wen bloß erinnert mich dieses teuflische Grinsen? Ja, ich kenne es, die Erinnerung haust irgendwo in meinem Schädel und scheint mir näher zu sein, als ich vermute. Denke ich mir meine eigenen Gesichtszüge fort und betrachte lediglich die Linien dieses markanten, holzschnittartigen Lächelns, in dem die Unschuld mit der Bosheit ringt und Freundlichkeit zur Gespielin wird eines abgefeimten Planes ... o Teufel in Menschengestalt! Elender babylonischer Diener! Dieses Lächeln hatte sich auf die Fratze des alten Stanowsky gestohlen, als er mir sein Gift in die Ohren träufelte, damals in der Gasse, die den Namen Fegefeuer trägt.

Die goldene Taschenuhr

Mondlose Schatten, Wege, Zeiten
Auf einem Augenblicke reiten.
Nur ein Symbol - doch wisse:
Natter oder Narzisse?

Irgendwo in der Ferne bellt ein Hund auf.

In einer pfeilschnellen Bewegung wende ich den Kopf nach dem Geräusch. All meine Aufmerksamkeit ist in diese Richtung gebündelt. Unwillkürlich halte ich den Atem an, mein Leib spannt sich wie ein tatarischer Bogen, und horche angestrengt in das uferlose Labyrinth hinein, darin sich die Nacht wie ein blinder Maulwurf verbirgt.

Der Hund verstummt mit einem letzten würgenden Laut. Stille, fast beklemmend in ihrer plötzlichen obszönen Nacktheit, kehrt ein und entfacht in mir einen Aufruhr des Befremdens, als ob eine Gespensterhand über mein Gesicht streicht.

Erst jetzt finde ich Gelegenheit, auf meine Umgebung zu achten, und so nehme ich aus den Augenwinkeln wahr, dass ich zwischen zwei schwarzen Mauern in einer engen, düsteren Gasse eingekeilt bin.

Wie bin ich hierhergekommen, in einen Bezirk der Stadt, der so gar keinen Widerhall eines Erkennens in meinem Gedächtnis hervorrufen will?

Saß ich nicht eben noch am Kamin, Pfeife rauchend, in stiller Nachbarschaft zu meinem Jugendfreund Gustav Mühlstein, und lauschten wir nicht beide, halb herüberdämmernd in eine dumpfe Gedankenlosigkeit, stumm den knisternden Holzscheiten, sahen zu, wie die tanzenden Flammenzungen in die Höhe leckten?

Ich kann mich nicht auf ein Dazwischen besinnen. Wie erloschen sind alle Erinnerungen, kalter Asche gleich.

Ich fühle mich wie ein Schiffsbrüchiger in dieser einsamen Altstadtgasse mit ihren kleinen, in die Schatten sich zurückduckenden Wichtelhäusern samt flachen Schlapphüten, und frage mich, welche Welle mich hierhergespült hat. Was tue ich hier? fährt es mir schneidend durch den Sinn. Träume ich nur? Aber nein, ganz deutlich spüre ich das harte Pflaster unter meinen Füßen!

Ich versuche, die letzten fünf Minuten in meinem Kopf zu rekapitulieren, aber ich finde nicht den geringsten Anhaltspunkt, so sehr ich auch an den Türen meines Gedächtnisses rüttele.

Über grob gehauene Pflastersteine stolpere ich in die schmale Gasse hinein, und ein Heer feindseliger Eindrücke belauert jeden meiner Schritte. Mein Wille steht unter einem somnambulischen Bann, so glaube ich, denn wie ich so gänzlich ohne Ziel und Absicht meinen Weg nehme wie jemand, der einem lautlosen Befehl, aus der Meerestiefe einer gestaltlosen Ahnung ins kalte Bewusstsein hinaufdämmernd, Folge leistet, fühle ich nur eine leergepflückte Einsamkeit in mir.

Meine Füße reißen das Steuer an sich. Ich bin nur noch treibendes Floß inmitten schäumender Gischt, ein einzelnes Blatt, das der Wind fortreißt von einem ächzenden Baum.

Ich lasse den Faden meiner Überlegungen fallen und betrachte beim Gehen die an den Schultern siamesisch zusammengewachsenen, puppenhaft wirkenden Häuser. Alle sind von niedriger Stirn und welker Haut. Greisinnen - schießt ein Bild durch meinen Kopf -, leise murmelnd auf der Kirchenbank.

Als ich in die nächste Gangbiegung trete, läuft die Gasse in einen breiten Hof hinaus. Schwaches Mondlicht fällt auf mich herab. Ich lege den Kopf tief in den Nacken, durchforste den Nachthimmel. Dann sehe ich ihn, den Mond, wie eine Schleichkatze über die Dächer streichend; verstohlen äugt er hinter aufragenden Schornsteinen hervor, als ob er einsamen Nachtwanderern glitzernde Kieselsteine in den Nacken werfen will.

'Geh deiner Wege!', rufe ich ihm in Gedanken zu. 'Was suchst du unter Menschen nach deinen bleichen Träumen? Such' sie woanders. Hier auf Erden wird keine Nachtblume dir zu Gefallen aus ihrer erdverkrusteten Wurzel emporsteigen.'

Ich lasse ihn hinter meinem Rücken zurückfallen, tauche wieder mit gefühllosen Knien, unsicher darüber, welche Schrecknisse mir in dieser Nacht noch entgegenharren, in den Schlund der dunklen Gassen ein.

Hinter den glotzäugigen Fenstern der Häuserfassaden gähnt unwirklicher Schlaf. Tote schlafen so, schaudert es mich, in der Verfallenheit ihrer modrigen Gräber.

Es muss nach Mitternacht sein, überlege ich, und suche mit den Augen nach der Turmuhr. Seltsam, dass ich dies stolze Wahrzeichen der Stadt nirgends finden kann, als hätte ein schwermütiger Nebel sie in seinem Maul vergraben. Aber vom Himmel blickt eine sternklare Nacht auf mich herab.

Breite, mit Laub bedeckte Treppenstufen tragen mich hinunter auf eine gewundene Allee. Birkenbäume, um die katzenfromme Schatten schleichen, werfen mir weiche, welke Blätter auf die Haare. Haben wir denn schon Herbst?

Kein Echo hallt durch mein Gedächtnis. Alle scheinen sie das Nest verlassen zu haben, diese treulosen Kuckucks-Erinnerungen.

Wieder schreite ich eine finstere Gasse entlang. Ich scheine den Weg mit mikroskopischer Genauigkeit zu kennen, denn meine Schritte verraten keine Spur von Unsicherheit.

Plötzlich erblicke ich am Ende der Gasse ein scheues Koboldlicht, das aus einem schmalen Fenster auf die gegenüberliegende Häuserwand fällt und ein schimmerndes Rechteck in das karge Gestein hineinbrennt.

Vor dem erleuchteten Haus bleibe ich stehen. Es ist der Laden eines Uhrenmachers. Alle anderen Häuser schlummern unter ihren traumschweren Mützen. Ich fühle, wie eine leise Freude, fast ist es Genugtuung, in mich einsickert, als ich das silberne Namensschild über dem Türschlitz lese: Herrmann Ruhelos. Was für ein sonderbare Name, denke ich noch, da ruckt meine Hand auch schon zur Klinke vor. Ich weiß - woher auch immer ich diese Gewissheit nehme -, dass ich erwartet werde. Rasch stoße ich die Tür auf, betrete den Laden.

Ein Glockenklingeln wirft sich mir in den Nacken, als ich die Schwelle überschreite. Von einer schwarzen Lampe auf einem Bord an der Stirnwand flutet gedämpftes Licht in den Raum. Abgezirkelt liegt ein lemurenhafter Glanz auf dem ausgetretenen Teppich und hält das Halbdunkel auf spöttische Distanz.

Ich trete vor, schaue mich mit wachsender Neugier um. Seltsam vertraut kommt mir der Laden vor, so, als wäre ich schon mein ganzes Leben als Kunde hier ein und aus gegangen. Aber das Flackern der Erinnerung ruft kein echtes Bild in mir wach.

Aus den Vitrinen glotzen mich scheel die gläsernen Augen hunderter Uhren an. In der linken Wandecke, stolz wie ein Gendarm, thront eine Wanduhr aus dunklem Eichenholz. Unermüdlich arbeitet sich das blitzende Pendel durch Raum und Zeit. Auf dem Ziffernblatt eingebrannt - zwölf Jünger, die einen gekreuzigten Jesus umringen.

Niemand ist in der Empfangsstube. Nur das endlose Ticken gequälter Getriebe dringt an mein Ohr. Ich gebe ein Räuspern von mir.

Aus dem Hintergrund des gewölbten Raumes tritt, einen Vorhang zur Seite schlagend, ein älterer Herr in den Raum mit einer silbermatten Brille auf seiner Adlernase. Auf seiner flachen Stirn zucken dünne Augenbrauen.

Sein Gesicht blüht zu einem Lächeln auf, als er mich erblickt. Rasch durchquert er den Raum, ergreift meine Hand, schüttelt sie erfreut, als wäre ich ein langvermisster Freund, und sagt, sonderbar tonlos: "Ah, Sie sind gekommen, Ihre goldene Taschenuhr abzuholen. Sie haben den Zeitpunkt genau getroffen. Ich habe sie eben zu Ende repariert."

Mein Erstaunen übergeht er völlig. 'Besitze ich denn eine Taschenuhr?', krame ich in meinem Gedächtnis nach.

"Einen kleinen Augenblick, bitte", und schon eilt er in den Nebenraum und kommt mit einer silbernen Kette zurück, an der eine goldene Taschenuhr baumelt.

Als er sie mir hypnotisch hin und her schwingend vor die Augen hält, möchte ich am liebsten die Tür aufreißen und davonlaufen. Ich weiß nicht, warum mich plötzlich die Angst am Kragen packt. Doch ich unterdrücke den jähen Impuls. So sonderbar falsch mir das Ganze auch vorkommt - warum hat er seinen Laden um diese nächtliche Stunde noch offen? -, meine Neugierde ist geweckt.

Er drückt mir die Uhr in die Hand, flüstert: "Halten Sie sie in Ehren, sie ist ein Leben wert." Sein Lächeln wirkt ansteckend.

"Was bin ich Ihnen schuldig, Herr ..." Ein Klotz schiebt sich zwischen meine Zähne, lähmt meine Kehle. Es ist, als ob ich mich immer wieder verschlucken müsste, sobald sein Name auf meine Zunge springen will.

In einer Geste freundlicher Zuneigung legt mir der Uhrmacher die Hand auf die Schulter, blickt mich aus unergründlichen Augen an, dass ich mir vorkomme wie ein kleiner Schuljunge, und fügt dann begütigend hinzu: "Sie haben doch schon, wie von Ihnen gewünscht, vor einem Jahr bezahlt."

Ich verstehe nicht, mache jedoch keine weiteren Anstalten, mich in die Grotte seiner Hinterdeutigkeiten vorzutasten.

Er begleitet mich zur Tür, schüttelt nochmals meine Hand, und kaum einen Augenblick später habe ich den Laden auch schon verlassen. Hinter mir erlischt das Licht. Was bleibt ist ein vages Gefühl von Rätselhaftigkeit, und doch ruft diese Begegnung ganz tief in mir weder ein Erstaunen hervor, noch finde ich etwas Ungewöhnliches daran, dass ich zu dieser mitternächtlichen Stunde eine Uhr, von der ich nicht einmal im Trüben weiß, ob es sich wirklich um meine handelt, in Empfang nehme.

Wieder stehe ich in der schweigenden Gasse. Aus der Fensterscheibe gegenüber gafft mich das pralle, blasse Eunuchengesicht des Mondes an.

Einer seltsamen Eingebung gehorchend, ziehe ich die Taschenuhr hervor und werfe einen Blick darauf. Fast möchte ich auflachen. Die Zeiger laufen ... rückwärts.

Auf der Innenseite des Gehäuses ist etwas eingraviert. Ganz schwach im Mondlicht sehe ich Schriftzeichen aufglänzen. Im dunklen Häuserschatten kann ich die Worte jedoch nicht entziffern. Daher trete ich dicht unter eine blakende Straßenlaterne, kneife die Augen zusammen, ja, jetzt springen die verschnörkelten Buchstaben gut lesbar in meinen Blick:

DIE ZEIT BETRÜGT ZUKUNFT
UND GEGENWART

Ich stecke die Uhr weg. Unverständlich ist mir der Sinn der Worte, aber ich verspüre dennoch nicht die geringste Lust, darüber nachzugrübeln. Es gibt Fragen, an denen schleicht der Verstand verstohlen vorbei, die meidet er wie eine Katze das vergiftete Wasser.

'Was soll nun weiter geschehen', frage ich mich und komme zu dem Schluss, dass sich die Rätsel von selbst auflösen werden, sobald ich nach Hause zurückgefunden habe. Was mir bisher widerfuhr in dieser Bewusstseinstrübung, scheint Symbol für irgendetwas zu sein, aber es hat weder Blut noch Leben.

Ich durchschreite gerade einen Torbogen, als ein Windstoß unvermittelt an meinen Kleidern reißt. Der Boden schwankt unter meinen Füßen. Für einen Augenblick rattert eine wildgewordene Drehorgel in meinem Kopf herum, wirft die Gedanken wie verschreckte, schrill aufschreiende Stimmchen gegen die Wände meines betäubten Empfindens. Der plötzliche Schwindel lässt meine Knie brechen. Eine efeuberankte Wand fängt meinen Sturz auf.

Das Sausen in meinen Ohren steigert sich unterdessen zum Kreischen einer Gebärenden. Was sich mitten in mich hineinwuchtet, fühlt sich an wie die Gleichzeitigkeit zweier verschiedener Zeitläufe, festgezurrt an einer geheimnisvollen Nahtstelle. Dann verliere ich die Besinnung. Mir ist, als ob ich in einen tiefen Schacht stürze ...

Ein flackernder, halbheller Glanz sticht in meine Augen. Verwirrt nehme ich die Hand vor die Stirn.

Ein schweres Atmen neben mir lässt mich herumfahren. Ich sitze in einem weichen Sessel und halte in der rechten Hand eine Pfeife. Mit besorgter Miene betrachtet mich ... mein Freund Gustav.

"Du machst einen ... zerstreuten Eindruck, Ernst. Ist etwas mit dir?", fragt mich Gustav flüsternd.

"Nein, nein", stottere ich hervor. "Nur ein kleiner Schwächeanfall. Mir war ..., aber das ist zu verrückt, um wahr zu sein." Hastig greife ich in meine Westentasche. Sie ist leer. Keine Uhr!

"Soll ich dir Aspirin holen?"

"Ja, sei bitte so lieb", erwidere ich.

Er verlässt das Zimmer. Ich sinke in den Sessel zurück, atme erleichtert auf. Da stürzen die Flammen im Kamin mit einem Mal in ihre Asche zurück. Kälte umweht mich, und mein Blick verliert sich schwindeltief in Dunkelheit. ...

Ich stehe an einem spitzen Bogenfenster, mit einem Handtuch um meine Hüften, ansonsten bin ich nackt, und blicke hinaus auf die Gehwege, über die sich ein hektischer Ameisenstaat ergießt.

"Der Morgen kennt noch nicht den Schmerz der Entzweiung", murmele ich gedankenvoll. In meiner rechten Hand glimmt eine Zigarette.

"Was ist mit dir, Hans?", höre ich eine weiche Frauenstimme hinter mir. Hans? Ja, ich erinnere mich, immer schon Hans geheißen zu haben. Ich wende mich um, ... staune.

Vor mir, auf dem Bett, die langen, blonden Haare aufgelöst, sitzt eine junge Frau. Die Decke fällt herunter, als sie sich aufrichtet. Kleine, runde Brüste entblößen sich. Aus einem schmalen, hübschen Gesicht blicken mich wasserblaue Augen an, in denen neckische Lust aufflammt. An ihren elfenbeinschimmernden Ohrläppchen zappeln, als sie den Kopf ein wenig schief legt und mich entzückend schamlos anlächelt, wie ich so mit einem um die Hüften gewickelten Handtuch am Fenster lehne, kleine, mit je einer Perle besetzte Schmetterlinge.

Sie zieht ihre Nase spitz, und ich kann ihre Gedanken lesen. Ihr Name will mir freilich nicht einfallen. Im Zimmer riecht es nach dem Rausch einer Liebesnacht.

Aber ich erinnere mich an ... nichts.

"Ich habe nur laut gedacht", antworte ich und blicke wieder hinaus.

"Wie du redest, Hans. Haben dich meine Küsse um den Verstand gebracht? Das wäre dann aber ein schöner Irrsinn, nicht wahr, Schatz?" Das zärtliche Flüstern ihrer Stimme streicht warm um meinen Nacken.

Sonnenstrahlen perlen auf das Fensterbrett.

"Alles hat ein Gesicht", sonderbar fremd klingt meine eigene Stimme in meinen Ohren, als wäre ich der Gefangene in einem trügerischen Traum, "die Sonne eines aus gelben Sommerblumen, der Wind eines mit Locken aus grünem Laub, nur die Menschen ziehen gesichtslos wie ein Irrlicht von der Wiege bis zum Grab, wie ein verlorengehender Schmerz, der sich auf eine höhere Stufe der Ausgeliefertheit herauflätert."

Hinter mir seidiges Rascheln.

"Musst du immer so geheimnisvoll reden, Hans, komm her, küss mich lieber noch einmal mit deinen samtweichen Lippen."

Ich setze mich aufs Bett zurück, lächele vor Verlegenheit. Meine Nase kitzelt von ihrem schweren, süßen, betörenden Parfüm. Sie scheint mein Lächeln misszuverstehen, umfasst meine Schultern und zieht mich mit ihren schlanken Armen zu sich herab. Hastig drücke ich die Zigarette aus.

Wieder wird es dunkel um mich ...

Mich fröstelt. Kalter Wind streicht um meine Beine. Ich stehe auf einem mit kurzgeschnittenem Gras bewachsenen Hügel. Ich bin nicht allein. Neben mir, in schluchzende Tränen aufgelöst ... eine Greisin.

'Warum ist sie schwarzgekleidet?', frage ich mich.

Mein Auge streift ein weißgekalktes Kreuz. Und wie ich mich umsehe, begreife ich: Ich bin auf einem Friedhof!

Wie aus weiter Ferne höre ich die alte Frau unter Tränen jammern: "Er war so ein lieber Junge gewesen. Ach, dass er vor mir aus der Welt gehen musste!"

Sie spricht nicht zu mir. Wie sie ihre Stimme in einem Taschentuch erstickt, überkommt mich Neugierde. Wen betrauert diese Mutter?

Da fällt mein Blick auf den Grabstein. Lange will ich nicht glauben, was sich meinen Augen offenbart. Ein Dämon fährt mir mit scheußlich haarigen Händen an die Kehle. Nein, das kann nicht sein, aber meine Augen täuschen mich nicht, denn ich lese:

GUSTAV MÜHLSTEIN

Von meinen Lippen löst sich ein stummer Schrei aus tiefster, verletzter Seele. Mir ist, als ob die ganze Welt in einer Gruft begraben liegt. Und dennoch wage ich es nicht, auf die anderen Grabsteine zu blicken. Eine grauenhaft in mir auflodernde Furcht hält mich davon ab.

Was glaube ich dort sehen zu müssen? Etwa ... Heftig krampfe ich die Finger zusammen, dass sich die Nägel in meine Handballen bohren. Der Schmerz reißt mich in die Gegenwart zurück. Gegenwart? ...

Ich bin wieder in einer dunklen Gasse. Ein irrsinniges Gelächter schüttelt mich. Ich möchte erwachen, aber ein stärkerer Wille hält mich in dieser Teufelstretmühle fest. Wie mechanisch hole ich die goldene Taschenuhr hervor. Sie ist stehengeblieben. Ein Lichtschein fällt von hinten über meine Schulter. Ich drehe mich um. Der Uhrmacherladen. Meine Hand fährt zur Klinke. Ich trete ein ...

Diyarbakir

Prolog

Ist diese Geschichte Wirklichkeit oder Fiktion? Mag sein, dass ein gebildeter Mensch, stolz auf seine Vernunft und mit einem Packen ehrenvoller Urkunden auf den Schultern, mit einer derart naiven, kindlichen Frage um die Ecke kommt und dabei ein Lächeln auf die Lippen zaubert, als habe er mit seinem Einwand gerade das verborgene goldene Rädchen im tackernden Weltgetriebe aufgedeckt. Bei alledem könnte seine abgrundtiefe Gleichgültigkeit gegenüber den Nöten menschlicher Existenz und Plagen des Ausgeliefertseins gar nicht deutlicher ausfallen. So in seinen Tagesgeschäften ans Vergessen gewöhnt und geschmiedet, fehlt seinem Denken schlichtweg das Ohr dafür, dass Gewalt keinen Unterschied macht zwischen echt und erfunden.

Bei aller Ernsthaftigkeit, die einer Geschichte zugrunde liegt, ist es völlig unerheblich, ob sie ein Gestern kennt oder von einer Zukunft spricht, die noch ungeboren zwischen den Zeilen herumgeistert oder vielleicht doch nur als Mahnung zu verstehen ist, was geschähe, wenn sie sich erfüllte. Zu allen Zeiten haben Geschichtenerzähler, ob mit dem Rücken gelehnt an einer maurischen Mauer, kühles Nass aus einer oasischen Wüstenquelle schöpfend oder an den wärmenden Lagerfeuern überall auf der Welt, nichts anderes versucht, als mit der Tatkraft ihrer

Worte die Ungewissheit der Nacht wie auch die bleierne Schläfrigkeit von den Augen der Zuhörer zu verscheuchen. Rätselhaft wie die dunkle Seite des Mondes sind auch des Schlafes Dämmerungen.

Wovor der Mensch flieht, wenn er hinuntersteigt in Morpheus' Reich, in Worte einzufangen, macht den Herzschlag von Geschichten aus. Obgleich vom Schlaf an die Küsten furchterregender Träume geworfen, die sein Gewissen plagen mit scharfen Zähnen, sehnt ihn der Mensch doch inniglich herbei, wenn seine Lider müde sinken. Denn sein Schatten verheimlicht und verbirgt des Tages Wüten und Willkür, was in den alten Sprachen noch das Bildnis hatte eines Kessels voll schaurig-giftiger Übel und Missstände von der Art, wie Nattern sie im Schleim gebären, gewürzt mit finsterem Kraut und Ingredienzen, die ihre unheilvolle Kraft ziehen aus des Mondes bleichem Licht. So kocht und gärt der eklige Sud im Geheimen und wirft sich auf die Brut, die ihn erschaffen.

Was Hexenwerk zugeschrieben und des Teufels dunklen Pfaden schöpft aus dem, was ein Menschenhirn an Grausamkeit erdacht: den Meineid der Verleumdungen, des Verrates Wechsellaune, den gleich Krötengift Wunden schlagenden Intrigen, den schwindsüchtigen Todesreigen der Machtgelüste, den Speicheltropfen des Hasses, aus fauligem Atem geboren, und den Fesseln sinnverlorener Tabus; Geiz, vermischt mit Hinterlist und rachevollem Verderben, sucht Witwen heim und lässt Waisen hungers sterben, vom Molch entliehen ist die Wollust, die falsche Schwüre tröpfelt in die Milch unberührter Mädchen und Metzen treibt in die wüsten Umarmungen der Unzucht. Bis an den Rand sammeln sich in dem Gebräu die Blutstropfen erlittener Qualen und fortwirkender Flüche. In die Nähe des brodelnden Kessels zu kommen, auf welchem Umweg auch immer, darf eine Erzählung, will sie zur Seele des Menschen durchdringen, an Urvergessenes rühren und den Kunstgriff übertrieben orientalischer Schleier und humanistischer Gewänder weder fürchten noch vernachlässigen.

Um an den Anfang zurückzukehren: Nein, es gibt keinen Achmed Murat, obwohl in der Türkei viele Achmeds und Murats leben. Aber das spielt an dieser Stelle keine Rolle. Auch verstehe man diese Geschichte nicht falsch. Sie soll kein Aufruf sein, dass sich alle Achmeds und Murats verbrüdern, um jene fiktive Gestalt auszufüllen, um derentwillen der Autor zur Feder gegriffen hat. Nichts lag ihm ferner als Verbrüderung, kein Gedanke könnte abwegiger sein, schon deshalb, weil auch in der türkischen Gesellschaft gilt: beseitige deinen Konkurrenten!

*

Das kalte Licht des Nachthimmels kriecht über meine Matratze wie ein Heer von Mondschnecken, kleine, schimmernde Wesen, die jedoch, bevor sie mich erreichen, unversehens vergehen, als sich die große, schwarze Hand der Wolken über sie legt. Und wieder hüllt mich Dunkelheit ein.

Als Kind schon waren mir Nächte immer unheimlich gewesen, wenn die Schatten in der fahlen Düsternis zitternd in Bewegung gerieten und allmählich an den Wänden entlang zerflossen zu grotesken Figuren ohne Halt und Sinn, und wie dann etwas unsagbar Unbekanntes die Maske abstreifte und, wie von einem sonderbar fremdartigen Willen angetrieben, durch die dunkelverhüllten Räume schlich, maulwurfsblind von einem Gegenstand zum anderen sich tastend, um einen Weg in mein schreckerstarrtes Herz zu suchen; und ich fühlte es kommen wie greifende Arme aus dem Nichts, von überall her, versteckt, behaart, beängstigend – wie viel mehr jetzt, wo das Furchteinflößende ein Gesicht bekommen hat, das Antlitz einer Gefängniszelle, vier Schritte in der Länge und etwas mehr als zwei in der Breite.

Ein Drahtgestell in der Ecke der hinteren Wand, ein Kübel für meine Notdurft und Mauern aus Stein, die mir in den letzten Monaten vertrauter geworden sind als die Seelen meiner Wärter und Peiniger, all das verschwindet aus meinem Blick, taucht ein in eine mitleidlose Schwärze. Ich sitze zusammengekauert in einer Wandnische und warte darauf, dass wenigstens die Wolkenmauer am Himmel zusammenfällt, auf dass ein bisschen Licht vom winterlichen Mondschein zu mir hindurchsickert.

In Diyarbakir ist immer Nacht, eine endlose, mit Gittern zusammengehaltene Nacht, 24 Stunden lang, und dann noch einmal im Kreise sich schließend in der ewigen Nacht der Seele. Wenn ich jetzt den Kopf ein wenig hebe, höre ich halblaute Geräusche, die in Mauerritzen lauern, und die Luft ist durchwispert von Stöhnen und tiefer Verzweiflung.

Es gibt einen Punkt in der langen Kette des Duldens, wo man aufhört, seine Peiniger zu hassen. Derart verloren ohne die Aussicht auf Rettung und Linderung bleibt nichts anderes zurück in diesem lebenden Tuch, in den Falten des Schmerzes, als unstillbare Wunden, und könnten Wunden hier jemals ausheilen, um einen unauslöschlichen Hass zu gebären?

Von Gefangenen heißt es, dass sie viel träumen von den Liebsten, die nur noch in den Gedanken ein schattenhaftes Dasein führen, vom Duft der Freiheit, deren Geschmack sie vergessen haben, dass Honigreiche von Träumen ihre letzte Zuflucht seien. Aber in Diyarbakir gibt es keinen Raum für Träume, keine verborgene Quelle, aus der man Mut und Kraft schöpfen könnte. Die Tage sind nur die Fortsetzung der Qualen in einer Wüste der Unentrinnbarkeit. Nein, ich träume schon lange nicht mehr.

Aufgeheizte Luft lässt einen Ballon in die Höhe steigen, um sich einen weiten Himmel zur Heimat zu machen, ein Traum aber, der im Herzen schweigt, wird zum engsten aller Räume. Der Charakter eines Menschen zeigt sich darin, wie er mit seinem Leiden umgeht, aber ohne die Spanne einer

Möglichkeit, die erlauben würde, das Weinen der Wunden zu trösten, hört man auf, ein Mensch zu sein. Wie gesagt, hier in diesen Gefängnismauern überleben keine Träume. Sie sind das erste, was vom Leib der Gefangenen abstirbt.

Ich werde dieses Geviert aus Steinen und Gitterstäben und dem abweisend kalten Stahl der Tür nicht mehr verlassen, um auf Frühlingswiesen unbekümmert zu wandern, den Vögeln in den grünen Wipfeln der Bäume zu lauschen, wenn ihr Gesang die Luft seelenvoll versüßt, oder den Mädchen verschämt nachzuschauen, wenn sie ihr Kopftuch ein wenig lüften und mir ein vieldeutiges Lächeln zuwerfen. Für mich, der ich ein Gefangener bin im steinernen Herzen von Diyarbakir, hat der Kuss der Morgenröte jede Bedeutung verloren.

Mein Verbrechen war die Menschlichkeit, und dass ich sie nicht bereut habe, mit keiner Geste, keinem Wort, dass ich auch dann zu meiner Tat stand, als meine Richter, Menschen meines Blutes und meiner Sprache, mit denen ich womöglich früher auf einem Fest gelacht und getanzt hätte, ein Zeichen der Bußfertigkeit von mir verlangten.

Selbst wenn mich die Zaubermacht eines Dschinns ein zweites Mal vor die gleiche Wahl stellte und mich die Konsequenzen meiner Tat im Vorwege überdenken ließe, auf dass ich, zur Besonnenheit gereift, davon Abstand nähme und mich so mit einem Schlag befreien könnte von meinem jetzigen Schicksal, ich würde erneut tun, was ich getan habe. Wie kann ich widerrufen, was ich im vollen Besitz der Urteilskraft meiner 19 Jahre getan habe, wie kann ich etwas leugnen, von dem ich überzeugt bin, dass es das einzig Richtige für mich war?

Ja, ich habe einen Menschen getötet und würde es wieder tun. Aber es war kein Mord, wie sie behaupten. Vor meinem Gewissen kann nur ich selbst Richter sein, aber ich habe nichts getan, wofür ich mich schämen müsste.

Da! Die Wölfe kommen. Ich höre das Klappern von Schlagstöcken gegen kalte Mauerwände, es ist ein unerbittlicher Wirbel aus Holz und harten Menschenherzen. Aus dem gleichförmigen Takt spricht die Drohung nahenden Schmerzes, aber ich kenne sie und weiß, dass sie heute Abend nicht zu mir kommen werden, um meinen Knochen Qualen zu entreißen. Das dumpfe Tönen der Stiefel auf den Gängen kommt zu rasch. Sie werden an meiner Zelle vorbeigehen. Erst vorgestern haben mich ihre Hiebe in die Ohnmacht geprügelt. Mein Fleisch ist noch jetzt ein einziger Brand aus schwarzem Eiterfluss.

Ja, ich kenne ihre Schritte. Das Hastige darin verrät sie. Sie wollen die Erinnerung in meinen Wunden wachrufen, meine Angst von neuem in den Taumel einer Panik stürzen. Sie lieben es, aus Menschen furchtsame Tiere zu machen, deswegen klappern sie mutwillig mit ihren Stöcken an den Mauern entlang.

Jetzt verlangsamen sie ihre Schritte, aber es ist keine Genugtuung in ihnen. Ihr Klang hat etwas Vorübergehendes. Wir Gefangenen lernen sehr schnell, auf solche Kleinigkeiten zu achten. Heute Nacht werde ich verschont bleiben, und da, ich habe mich nicht geirrt. Das Echo ihrer Schritte an den gekachelten Wänden trägt sie von mir fort.

Ich zähle die Schritte, zehn, elf, zwölf ...

Bei 41 höre ich auf. Sie sind stehengeblieben, und im Geiste sehe ich die vorletzte Tür im Gang. Es ist Alis Zelle. Oh diese Hunde! Ali, der Rabenschwarze, der von ihnen erst gestern Abend in die Hölle geworfen wurde und dessen Wehklagen mich über Stunden bis in den entlegensten Schlaf verfolgt hat. Ali, dessen Vergehen das Aussprechen dreier winziger Worte war - "ich bin Kurde" - und der nun dafür bestraft und gefoltert wird, dass er die Mutter, die ihn gebar, nicht verleugnete und den Vater nicht fluchte, dessen Lenden ihn gezeugt hatten. Morgen soll er entlassen werden, aber zuvor wollen sie ihm noch ein Andenken mitgeben.

Das Schloss springt auf und mein Herz droht für einen Augenblick stillzustehen.

Kann ein Mensch sich denn die Augen aus dem Kopf reißen, seine Zunge hinunterschlucken, seinen Namen in den Dreck treten und sagen, ich bin ein anderer als der, der aus dem Spiegel zurückblickt?

Es gibt Sünden, die selbst der Teufel vergibt, aber nicht diese Wärter. Ihre Hände haben das Mitgefühl verlernt. Es sind Väter von Kindern, die nun ein Kind windelweich schlagen, denn Ali ist erst zwölf Jahre alt. Seine Schreie durchdringen den härtesten Stein und sind das Letzte, was ich höre, ehe ich in einen bleiernen Schlaf hinüberdämmere. Alltag in Diyarbakir ...

Die Sonne geht auf, steigt aus den morgendlichen Nebeln empor. Ich weiß nicht, ob heute Dienstag oder Mittwoch ist. Aber welchen Sinn hätte es auch, die Tage in der Hölle zu zählen.

Irgendjemand hat einmal gesagt, dass jeder für sich die Stöße von Weh und Leid zu tragen habe, dass sich Hände niemals berühren könnten und ein Herzschlag den des anderen nicht kennt. Aber nur jemand, dessen Haut zu einer Wüste geworden ist, einer, der nur dem Anschein nach noch ein Mensch ist, im Inneren jedoch eine Larve ausbrütet, die ihn mit dem bösartigsten Insekt verwandt macht, kann einen solchen Irrtum zum Schicksal erheben.

Hört es sich nicht seltsam an, dass ausgerechnet der Mund von einem, der eben noch zugegeben hat, einen Menschen getötet zu haben, dieses sagt? Aber meine Treue gehört keinem politischen Ideal. Schmerz ist nicht teilbar, das hat dieser Mensch, der ich bin, Achmed Murat, in seinem Leben gelernt. Und nichts anderes gibt es auf Erden zu lernen.

Auf dieser Welt kommt für jeden einmal der unausweichliche Zeitpunkt, an dem er sich für einen Weg entscheidet. Mag die Gewalt, die einen Menschen verunstaltet bis in die kleinste Blutbahn hinein, noch so groß und unüberwindlich erscheinen, wer leugnet, dass wir alle die Kinder einer Mutter sind, begeht einen Verrat der schlimmsten Art.

Diyarbakir, die Stadt am ewig blauen Tigris, ist meine Heimat. Hier bin ich vor 19 Jahren geboren worden als Sohn türkischer Eltern. Ja, ich bin ein Türke, aber bevor ich ein Türke wurde, war ich etwas anderes. Ich kam mit einem Nabel auf die Welt, der mich mit allen Menschen verwandt macht. Auch ein Kurde ist mein Bruder, obschon die Staatsgewalt behauptet, dass es keine Kurden in diesem Land gibt, und ich habe Schwestern mit heller und dunkler Haut und blonden, brünetten und schwarzen Haaren.

Diyarbakir ist ein Ort vieler Kulturen. Mongolenstämmige mit schrägstehenden Augen, Kurden, Türken, Juden und Menschen mit orientalischem Einschlag bevölkern die Stadt; ein bunter Flickenteppich ist dieser Staat der Türken von Istanbul bis an die Schneegipfel des Ararat.

Ich will aus meiner Kindheit erzählen, um meine Erinnerungen ein letztes Mal wachzurufen, ehe ich sie für immer begrabe.

Als ich noch ein Junge war, da fasste ich eine besondere Zuneigung zu Onkel Sabahattin, der im Kurdenviertel wohnte und ein Mann von einfühlsamem Wesen war. Ich war gern in seinem Haus und lernte so die verschwiegene Seite des Vorurteils kennen. Denn es hieß auch in meiner Familie, dass Kurden böswillige Teufel seien, Halunken und Taugenichtse. Auch jetzt noch nach so vielen Jahren erinnere ich mich sehr genau an das erste Zusammentreffen mit ihm, so, als blickten meine Augen wie durch einen hellerleuchteten Korridor in die Vergangenheit zurück.

Ziellos war ich über den Basar geschlendert, links und rechts die händefuchtelnden Reden der Schmuck- und Tuchhändler, der Aprikosen- und Süßspeisenverkäufer. Gerüche wie vom Himmel und Lärm aus der Hölle, alles verschmolz zu einem schwindelerregenden Traum für diesen Jungen, der ich war, mit meinen sechs Jahren.

Ich ging vorbei an runden, watschelnden Müttern, die mit beringten Fingern stumme Gesten vollführten, die Lippen vor- und zurückschnellend, so handelten sie den Preis für die Waren aus, während eine wolkenlose Sonne ihre Glut in die Häuserschluchten aus Lehm und Ziegeln sandte. Hier und da sah ich ein ärgerliches Hochziehen der Augenbrauen, dort eine schweißnasse Stirn im Grübeln und Nachrechnen, und Witze und listige Komplimente schnappte ich auf, ohne sie recht verstehen zu können.

Elende Hunde jagten nach Bissen, die von den Verkaufstischen heruntergefallen waren, Katzen mit räudigem Fell lagen faul in der Sonnenglut. Die Gesichter eng beieinander stritten ein Verkäufer und ein hohlwangiger Mann um den Preis einer Silberkaraffe. Sie standen so dicht, dass sich ihre Schnauzbärte fast schon berührten.

Unter einem Zeltdach griff ein älterer Herr mit ergrauten Haaren und einer schmalen, silbernen Brille auf der Nase aus einem hügelartig aufgestapelten Haufen von Melonen eine heraus. Ich blieb stehen und sah zu, wie er die gelblich-grüne Schale an sein Ohr hielt und mit Zeige- und mittlerem Finger einen Trommelwirbel ertönen ließ, immer wieder von kleineren Pausen unterbrochen. Dann nahm er die Melone herunter und schimpfte zum Verkäufer in weiten Pluderhosen hinüber: "Willst du Schweine damit füttern?"

Der andere, um etliche Jahre jünger, näherte sich rasch auf flinken Füßen und erwiderte mit hörbarem Respekt in der Stimme: "Großvater, du wirst kein Feld in ganz Anatolien finden, auf dem süßere, saftigere, vollmundigere Melonen wachsen. Beschäme mich nicht, dass ich mit Kleingeld zu meiner Frau zurückkehre." Und er machte ein Gesicht wie der zerknirschteste aller Ehemänner auf der ganzen Welt.

"Ha! Ist sie auch so süß und saftig wie deine Melonen? Da, nimm dies Geld und sei zufrieden."

Ich ging weiter. Nach einer Weile bemerkte ich, dass ein Hund hinter mir herlief mit einer bis zum Boden bettelnden Zunge, der war hüftlahm und schon sehr alt, struppig sein Fell und ganz verfilzt vom Schmutz der Gosse. Aber seine Augen schwammen in einem See aus flüssigem Bernstein, wie er so zu mir heraufschaute, während ich an meiner Brezel knabberte. Ich brach ein Stück ab und ließ es fallen.

So lief ich den halben Vormittag durch den Basar, kreuz und quer, hin und zurück, sah Fischhändler Fliegen verscheuchen und Limonadenverkäufer laut nach Kunden rufen.

Irgendwie musste ich schließlich in eine Gasse geraten sein, in der nur die Stille wohnte. Kein Mensch war auf der Straße zu sehen, die völlig verschmutzt war und fürchterlich stank. Schmieriges, gelbliches Wasser lief den Rinnstein herunter.

Unwillkürlich blieb ich stehen und blickte zu den Fensterscheiben hoch, die trübe glotzten. Der Putz der Häuser war von Pilzbefall befleckt, und von den klapprigen Holztüren blätterte die Deckfarbe ab. Selbst die Katzen sahen hier erbärmlicher aus.

Vorsichtig trat ich einen Schritt zurück. Ich wollte nur noch raus aus dieser elenden Kulisse. Nach zwei weiteren Schritten stieß ich gegen ein Hindernis, und mein Herz schlug wild. Beim Umdrehen stand ich vor einem hochgewachsenen Mann, dessen Bart über den Lippen schwarz wie Schuhcreme glänzte.

"Onkel, was ist das für eine Straße?", fragte ich mit dem scheuen Ton meiner kindlichen Stimme.

Eine helle, freundliche Farbe trat auf seine Gesichtszüge, und aus seinen Augen blickte mich ein warmer Sonnentag an. "Hier wohnen jene, die man vergessen hat, mein Kleiner, Menschen, die zu arm sind, um sich eine Olive zu kaufen. Auf Anordnung der Stadt dürfen sie ihre Häuser nur nach Sonnenuntergang verlassen, um in die Moschee beten zu gehen, wo sie ein Stück Brot erhalten und eine dünne Suppe schlürfen können. So bleibt die Stadt sauber vom Bettlerpack, wie die hohen Herren sie verächtlich nennen; niemand sieht sie tagsüber und die Nacht hat keine Augen. Fürchtest du dich?"

Ich schüttelte den Kopf, sagte aber: "Ja, es ist hier so still."

"Hunger hat eine dünne Stimme. Du brauchst dich aber nicht zu fürchten. Komm, gehen wir zusammen durch die Gasse. Nimm meine Hand."

So lernte ich Onkel Sabahattin kennen und schätzen als einen Mann von geradem Wuchs. Und noch vieles andere habe ich von ihm über die Jahre von der Welt und den Menschen erfahren.

Einmal sah ich, als ich unter einer hohen Pappel Murmeln spielte, wie ein junger Türke Onkel Sabahattin stieß, als dieser eine Teestube betreten wollte. Ibrahim, so hieß der ungehobelte Kerl, war groß und von drahtigem Aussehen. Sein Haar war kurzgeschoren und er trug Pantalons, wie die Europäer es tun. Dieser Lümmel stieß also Onkel Sabahattin zurück und versperrte mit gekreuzten Armen den Eingang zur Teestube. Die Lippen stolz zurückgeworfen, sagte er: "So einer wie du hat hier nichts zu suchen. Nimm deine Drecksseele und verschwinde, krummbeiniger Kurde." Und einige der Umstehenden lächelten böse dazu.

Es stimmt, Onkel Sabahattin hatte krumme Beine, aber seine Seele war aus Gold. Wäre ich älter gewesen und nicht so klein wie ein Kürbiskern, o Allah, mit einem Knüppel in der Hand hätte ich diesem Burschen Manieren beigebracht. So aber blieb ich unter dem Baum stehen, und die Murmeln kullerten aus meinen Händen.

Onkel Sabahattin, der in Begleitung eines kurdischen Freundes gekommen war, wandte sich dem jungen Türken zu und erwiderte mit weicher Stimme: "Was habe ich dir getan, mein Bruder, dass du mich schlägst?"

"Bin ich der Bruder eines Hundes? Fort, fort mit dir, in dieser Teestube dürfen nur Türken trinken." Und wieder pflichteten ihm einige mit einem Kopfnicken bei.

"Sag, bist du ein frommer Müslüman?", fragte Onkel Sabahattin mit festem Blick auf sein Gegenüber.

"Zweifelst du etwa an meiner Religion?", entgegnete Ibrahim, und seine Augen verengten sich zu gefährlichen Schlitzen.

"Du bist also gottesfürchtig", sagte Onkel Sabahattin ruhig und gelassen. "Gut, dann frage ich dich: War Adam der erste, den Allah erschuf? War er es?"

"Aus roter Erde, was fragst du so albern, Kurde?", zischte Ibrahim verächtlich.

Onkel Sabahattin nickte kurz. "Wenn also Adam dein Ahnherr ist, so sage mir, ob Allah ihn als Türken erschuf, und leugne ab, dass Mohammed, unser aller Prophet, die süßeste Stimme Gottes, ein Araber war. Tu es, und ich werde nie wieder in diese Teestube gehen!"

Ibrahim schwieg verbissen, und die Gesichter der anderen wurden rot vor Scham wie reife Mohnblumen an den Berghängen.

"Also war Adam der erste Mensch auf Erden", bestätigte Onkel Sabahattin weihevoll, "und alle, die von ihm herkamen, Türken, Kurden, Araber oder Armenier, waren seine Kinder, und im Lichte dieser Wahrheit bist du mein Bruder." Hier unterbrach Onkel Sabahattin seine Rede für einen Moment, und nachdem er mit der Hand einen Bogen beschrieb, der die unter dem Terrassendach Sitzenden miteinbezog, fuhr er beredt fort, "ihr alle seid meine Brüder, das ist die Religion Allahs, wie sie der Koran lehrt. Wer dieser Lehre zuwiderhandelt, gehört zum Gewürm des Teufels, der Zwietracht sät und Allahs Rivale ist unter den Menschen, denn er sagt, töte deinen Bruder, weil ich es dir befehle."

Und plötzlich zerriss Onkel Sabahattin sein Hemd und streckte seine entblößte Brust dem jungen Türken entgegen. Und mit silberheller Stimme rief er: "Dann nimm dein Messer und stich zu. Stich zu, stich zu und töte deinen Bruder, wie Kain an Abel tat, als er Allahs heiligstes Wort brach."

Ibrahim war leichenblass geworden. Seine Lippen zuckten nervös. Die Leute um ihn herum wichen vor ihm zurück, als fürchteten sie die Ansteckung mit einer bösartigen Krankheit.

In diesem Moment trat ein Mann im verschlissenen Jackett mit grauen Bartstoppeln im Gesicht von drinnen durch die Tür. "Bist du noch gescheit, du Zuhälter! Mach, dass du fortkommst. Spiel woanders den großen Herrn Staatsminister. Wenn ich dich hier noch einmal sehe, mache ich aus deinen Ohren Eselsohren!"

Und Ibrahim stob mit zusammengesunkenen Schultern davon.

"Und ihr", der Blick des Stoppelbärtigen, der, wie ich später erfuhr, der Besitzer der Teestube war, heftete sich auf die Runde der heimlichen Verschwörer, "schämt euch. Glaubt ihr etwa, dass es mehr Brot und Gerechtigkeit geben wird, wenn man einzelne Körner unter den Mühlstein wirft? Verzeih, verehrter Sabahattin, dass du vor meiner Tür Schimpf und Schande erleiden musstest. Trete ein in Frieden."

So lernte ich an diesem Tag, dass Hass immer Opfer fordert, wenn alle anderen schweigen und tatenlos zusehen und man selber den Kopf beugt vor der Gefahr.

Am eindrücklichsten hat sich in meinem Gedächtnis das Gespräch erhalten, dass Onkel Sabahattin unter dem Birkenbaum im Garten seines Hauses mit mir führte. Es war Spätsommer und der Flieder hing schon verwelkt von den hohen Büschen, in der Luft lag der schwere Duft von Rosen. Ich hatte Onkel Sabahattin gefragt, warum Menschen sterben müssen. Seine Antwort verwirrte mich.

"Das Gras hat ein Leben, der Wind eine Seele, und auch das Wasser hat seine Sorgen, glaube mir, Achmed, auf dieser Welt gibt es nichts Totes."

"Aber die, die tot sind", warf ich ein, "die tief in der Friedhofserde begraben liegen, was ist mit ihnen?"

Langsam seine Pfeife an die Lippen führend, blickte er mir unsäglich tief in die Augen, und ein Schauder ging durch mich hindurch wie ein brennender Öltropfen. Wie klein war doch die Welt und nichtig in ihrer Schattenhaftigkeit, wenn ein Mensch die Seele eines anderen berührte. Als er den Rauch in die Luft stieß, sann er kurz nach und erwiderte:

"Sie sind mitten unter uns, aber man muss feine Augen haben, um sie zu sehen. Ihre Gedanken sind aus Dunkelheit gemacht, wann immer es Nacht wird, kommen sie auf die Erde zurück."

Seine Worte blieben mir, so sehr ich mich auch sie zu verstehen bemühte, fern und unzugänglich, was er bemerkt haben musste, denn er änderte den Ton seiner Stimme ins Flüsternde. Auf diese Weise näherte er sich mir auf einem anderen Weg.

"Was wir am meisten fürchten, wenn wir an den Tod denken, kommt daher, dass wir uns ins Licht verirrt haben. Und das Licht scheidet, das Licht war der erste Unterschied. Du fürchtest zutiefst nicht wirklich die Dunkelheit, sondern nur den Verlust ebendieses verräterischen Lichtes."

Meine Seele lauschte seinen Worten hingebungsvoll und rang darum, ihre tiefere, geheime Bedeutung zu erfassen, aber es gelang mir abermals nicht. Da neigte Onkel Sabahattin den Kopf schräg zur Seite, wie es ein Habicht tut, bevor er von einem Ast zur Beutejagd abhebt.

"Weißt du noch, damals in der Gasse, als wir uns das erste Mal begegneten, war es nicht die Stille, vor der du dich geängstigt hast?"

Ich nickte.

"Du hattest den Lärm vom Basar noch in den Ohren, das Spiel mit der Geselligkeit verwirrte dich, indem es dir Geborgenheit vortäuschte. Und so, wie du vor der Stille zurückgewichen bist, bedarf es eines Menschen, der einen führt, der die Stille überwunden und die Furcht in ihr Gegenteil verkehrt hat. Und dieser Führer muss nicht notwendig ein Mensch sein, aber das wirst du jetzt nicht verstehen können. Wir sind alles Wanderer zurück in die Dunkelheit, und Stille ist das erste Tor."

Er nahm einen weiteren Zug aus der Pfeife. Süßer Rauch wirbelte empor in einem dünnen Kräuseln. In meinem Kopf jedoch summte ein wilder Bienenschwarm. Hatte ich ihn richtig verstanden, brachte der Tod die Erlösung, lag in der Gruft das eingelöste Versprechen? War es dann nicht das Einfachste, sich selbst das Leben zu nehmen, um zu jener Dunkelheit zurückzugelangen? Also fragte ich ihn.

Onkel Sabahattin schüttelte ungläubig den Kopf. "Achmed, was redest du da! Wer sich das Leben nimmt, verbrennt im Licht der Sonne, doch schlimmer ergeht es jenen, die, noch lebend, ihre Menschlichkeit verlieren, weil sie nach ihrem Tode an die Tiefe des Grabes für immer gebunden bleiben. Wie Kinder, die den Traum ihrer Herkunft umpflügen und unter harter Erde nur Steine und Tränen finden und so in ihrer Verzweiflung vergessen, was der Sinn ihrer Suche war, und mit den Steinen schließlich ihre Häuser bauen. So verblasst der Traum von der Menschlichkeit, der überall zu greifen ist, sofern man seiner Sache treu bleibt und das Kleid, das der kostümierte Affe trägt, nicht mit dem Menschen verwechselt. Menschlichkeit, mein kleiner Achmed, höre genau zu, ist ein anderes Wort für das, worauf man unter keinen Umständen zu verzichten bereit ist. Der Spiegel hat keine Seele, aber er fängt sie ein. Sei also wachsam, damit du dich nicht an das glänzende Versprechen verlierst. Es gibt dann für dich kein Zurück."

In meine Erinnerung stiehlt sich nun ein Schmerz und ein trauriger Schatten. Kurz vor meinem 16. Geburtstag nahm mir die Welt den liebenswertesten Menschen, der mir je begegnet war und dem ich mehr verdanke als meinen Eltern, die mich auf die Welt gebracht hatten. Das Leben in Diyarbakir war ärmer geworden mit seinem Fortgehen.

Die Jahre bis zu meinem Militärdienst waren wie Schlafengehen und Erwachen. Sie gingen im Fluge vorbei. Ein Soldat sollte ich also werden, der die Heimat, in der er lebt, verteidigt. Doch gegen wen?

Hauptmann Mustafa hatte eine Antwort darauf. Und Hauptmann Mustafa war ein harter Mann. Er trug einen wilden, ungepflegten Schnauzbart über breiten Lippen, flink wie Wiesel blickten seine grauen Augen. Unter uns Rekruten gaben wir ihm den Spitznamen 'Backpfeife'. Und das hatte folgenden Grund: Wenn er einem nämlich eine schallende Ohrfeige gab, dass die Glocken des Himmels in den Ohren widertönten, dann sagte er: "Trage es mit

Stolz, du Hurensohn und Bastard, denn ich beginne dich langsam zu mögen." Gab er einem aber zwei Ohrfeigen, dann knurrte er zwischen den Zähnen hervor: "Kerl, verscherze dir meine Freundschaft nicht!"

Die anderen, die nicht sein Wohlwollen genossen, kamen in den Bau, ein schmutziges Verlies, das selbst Ratten mieden, und das keine Fensteröffnung besaß, mit Blech ausgekleidet war, am Tage vor Hitze kochte und in der Nacht zu einem Grab der Kälte wurde. Und Hauptmann Mustafa erteilte den Ungehorsamen seine Lektionen, wenn er sie zwischendurch aufsuchte und mit schweren Stiefeltritten ihren Unwillen brach. Ganz besonders Widerspenstige mussten diese Tortur bis zu einer Woche erleiden. Aber ich habe keinen gesehen, der nach dieser Behandlung Hauptmann Mustafa nicht überallhin geküsst hätte.

Stundenlanges Marschieren unter glühender Sonne, das Singen der Nationalhymne mit lauter, wiehernder Stimme, und immer wieder Kontrollen, Kontrollen, Kontrollen - ich ertrug das Ganze wie jeder andere mit Gleichmut gegenüber den Schmerzen. Der Körper wurde hart gemacht, der Wille gefügig, und doch glaubte ich, meine Menschlichkeit nicht verlieren zu können. Einen letzten Rest meiner Selbst bewahrte ich im Heimlichsten meiner Gedanken, dort, wo kein Hieb, keine Schikane, kein blutiges Messer der Verächtlichkeit hingelangen konnte. Ich sollte erst später erfahren, dass diese kleine Insel der Selbstbehauptung zum soldatischen Erziehungssystem dazu gehörte, ohne die es nicht auskommen konnte. Die Seele sollte nicht gebrochen, sondern vollkommen ersetzt werden durch blinden Gehorsam.

Und jeder Soldat wurde auf die eine oder andere Weise auf diese Gefolgschaft hin geprüft, nicht wissentlich, nicht willentlich, sondern durch das, was er tat und zu tun bereit war. Auch für mich kam der Tag dieser Prüfung.

Eines Nachts weckte mich Hauptmann Mustafa brutal aus dem Schlaf. Ich spürte einen brennenden Druck auf meiner Wange, als ich den Schlaf aus den Augen wegblinzelte. Ein Blick auf die Uhr zeigte mir, dass ich erst eine Stunde gelegen hatte.

Hauptmann Mustafas Stimme trieb mich an. In Sekundenschnelle war ich angezogen und stand stramm vor ihm. Die anderen schliefen noch oder regten sich unruhig unter ihren Decken.

"Komm mit mir, ich will sehen, aus welchem Eisen du gemacht bist."

Ich saß hinten im Jeep mit fünf anderen, die ich nur vom Sehen her kannte. Ein Lastwagen mit weiteren Soldaten folgte uns durch die Nacht. Wie erdverwachsene Blitze zuckten die Scheinwerfer über Büsche und trockene Flussbetten hinweg. Holpernd fuhr der Jeep über Straßen, die in Steinwege einmündeten. Kahle, gespenstische Bäume wirbelten an meinem Blickfeld vorbei.

Auf hundert Füßen rannten die Gedanken durch meinen Kopf. Ich fragte den neben mir Sitzenden nach dem Zweck der nächtlichen Unternehmung. Er lächelte dreckig und sagte, wir würden Jagd auf kurdische Terroristen machen, und dass ich als Ersatzmann mitgekommen sei für einen tapfer Gefallenen bei einem Gebirgsgefecht.

Die Räder rollten einen Hügel hinauf. Ich musste mich festhalten. Schweiß trat mir auf die Stirn und meine Blicke wurden fahrig. Die anderen lächelten immer dreister.

Die Fahrt dehnte sich durch die Nacht. Eine Ewigkeit, wie mir schien. Ich warf ein Auge auf die Uhr meines Nachbarn. Zwei Stunden waren wir schon unterwegs, und der Stolperweg, auf dem wir fuhren, wurde immer steiler. Abhänge stürzten im grellen Licht in die Tiefe und verschwanden dann in der Schwärze. Wild pochte das Blut in meinen Schläfen.

Wir glitten in eine Senke hinab. Ich sah aufblitzende Steine und schwachen Grasbewuchs. Irgendetwas flatterte in der Dunkelheit und wurde vom Motorengeräusch verschluckt. Einmal hielt der Jeep an und Hauptmann Mustafa stieg aus, ging zum Laster hinüber und sprach mit dem Fahrer. Dann fuhren wir weiter.

Nach ungefähr einer halben Stunde beschleunigte der Jeep. Der Weg unter den Rädern wurde ebener. Eine spürbare Spannung ergriff von den anderen Besitz, ihre Gesichter glichen mit Frost überzogenen Steinen, ausdruckslos, kalt, die Hände pressten sich um die Gewehrläufe.

Wir hielten an. Ein Dorf, irgendwo in den Bergen, vielleicht zwanzig oder mehr Häuser, die Dächer flach und mit dünnen Grashalmen bewachsen. Ein Hund schlug an, dann mehrere. Ihr Gebell hallte von den Felsen ringsherum wider. Hier und da sah ich Lichter aufglitzern hinter den verhangenen Fensterscheiben. Unruhe mischte sich in den Schlaf des Dorfes.

Ein brüllender Kommandoton und wir schwärmten aus. Hauptmann Mustafa packte mich am Arm und hielt mich zurück. Seine ins Unmenschliche verzerrte Stimme jagte hinter den anderen her. "Bringt alle Männer hierher, ohne Ausnahme, und jedes Kind ab vierzehn. Ich will dieses dreckige Nest von Terroristen reinigen. Wer sich wehrt, wird erschossen, beeilt euch!"

Die Türen mit Stiefeln eintretend, drangen sie in die Häuser. Ich hörte Schreie, Schmerzenslaute und das Klirren von Gegenständen, die zerbrachen. Schon wurden die ersten Männer herausgezerrt, in Schlafanzügen oder mit nackten Oberkörpern, manche mit blutverschmierten Gesichtern.

Ein lautes Jammern tönte aus den aufgebrochenen Häusern, und Frauen erschienen in den Türöffnungen, die Finger vors Gesicht gepresst, schluchzend, den Namen des Allmächtigen ausrufend, ein Flehen, das von der Kälte im Herzen der Eindringlinge zurückgewiesen wurde. Ich sah auch, wie sich manche von ihnen an ihre Männer klammerten, als könnten sie so den Abtransport verhindern. Mit rüden Schlägen trennte man sie voneinander, und ihr Geschrei erhellte wie ein Feuer tiefster Verzweiflung die Nacht.

Hauptmann Mustafa wandte sich zu mir um. In seinen Augen glomm erbarmungslose Freude. "So muss man mit dem Pack umgehen und nicht anders. Komm mit!", und er zog seine Pistole heraus und marschierte auf ein Haus zu.

Mit der Schulter rammte er die Tür ein. Drinnen war alles still bis auf ein unterdrücktes Weinen. Hauptmann Mustafa leuchtete mit einer Taschenlampe hinein.

"He, Kerl, mach die Öllampe an."

Ich tat es und mir zitterten Knie und Hände. Das Licht hob eine ärmliche Behausung aus dem Dunkel hervor.

Dann sahen wir die Frau, hinter dem Sofa zusammengekauert, und ihre Glieder bebten vor Angst. Sie war noch jung, vielleicht in meinem Alter, ihr Gesicht von Tränen verquollen.

"Wo ist dein Mann?", brüllte sie Hauptmann Mustafa an.

Sie schien ihn nicht verstanden zu haben, duckte sich jedoch, als wollte man sie schlagen.

"Rede, Weib, wo ist dein Mann?"

Ihre Stimme war wie Wasser dünn, kaum zu vernehmen im Lärm, der von draußen hereindrang. "Im Gefängnis."

"Komm her!" Hauptmann Mustafas Stimme klatschte durch den Raum wie ein Peitschenhieb.

Sie zögerte, schüttelte wie verwirrt den Kopf.

"Wird 's bald! Ich will es nicht ein zweites Mal befehlen."

Sie näherte sich mit deutlich erkennbarem Schrecken auf ihrem Gesicht. Auf Armeslänge blieb sie vor ihm stehen. Sie war zierlich gebaut, einen Kopf kleiner als Hauptmann Mustafa, und ihre Finger waren so ineinander verkrallt, als müssten sie jeden Augenblick zu bluten anfangen.

Dann, so schnell, dass ich die Bewegung nicht hatte kommen sehen, schlug er zu, mit dem Pistolengriff mitten in ihr Gesicht. Mit einem Aufschrei fiel sie zu Boden und schrie noch einmal auf, als er sie an den Haaren packte und brutal auf das Sofa zerrte. Wie mit gierigen Spinnenfingern riss er ihr die Pluderhose von den Beinen und warf sich über sie. Mit herunterhängender Hose, der nackte behaarte Hintern auf und ab hüpfend, trieb er den Säbel zwischen seinen Beinen hart in ihren Schoß, immer wieder und wieder, als wollte er sie pfählen.

"Dreckige Kurdenhure", stieß er hassverzerrt hervor, "dreckige Kurdenhure." Als sie zu jammern anfing, schlug er sie nochmals, bis sie keinen Ton mehr von sich ab.

Ich stand wie erstarrt, zu erschrocken, um das Grässliche ihrer Schändung zu begreifen. Es war, als ob ich entzweigerissen wurde, als ob das Geschehen vor meinen Augen einem entsetzlichen, dunklen, nicht wirklichen Alptraum entsprang, dass ich bald schon erwachen würde mit einem Seufzer der Erleichterung. Ob mein Mund schwieg oder vor Elend schrie, weiß ich nicht mehr. Seine Stimme riss mich jedoch in das Grauen der Wahrheit zurück.

"Gräme dich nicht, Achmed", grinste er zu mir herüber, "wenn ich mit ihr fertig bin, kommst du an die Reihe." Der Anblick seiner verzerrten Fratze fraß sich in meine Seele wie ein glühender Dorn. Dann verdrehten sich seine Augen und sein Atem wechselte in ein wildes Keuchen.

Marionettenhaft wie an den Fäden eines leibhaftigen Dämons setzte ich mich in Bewegung, Schritt auf Schritt, taumelnd auf den wundesten Punkt meines Entsetzens zu. In mir war jedes Gefühl erloschen, taub geworden; statt eines schlagenden Herzens spürte ich in meiner Brust nur eine widernatürliche Leere, die eine ganze Welt erdrückte. Wenn ich überhaupt eine Regung empfand, die der würgenden Kälte in mir trotzte und meinen Körper aufrecht hielt, dann war es die kleine Flamme eines Aufbegehrens gegen etwas Abscheuliches. Und nur ein einziger Gedanke jagte sengend durch meinen Willen, brannte sich durch alle Hüllen meines Selbstverständnisses - "Was er ihr tut, das tut er mir, was er ihr tut, das tut er mir."

Als ich wieder zur Besinnung kam und Hauptmann Mustafa langgestreckt auf dem Boden erkannte, war der Kolben meines Gewehrs rot vom Blut seines aufgeplatzten Schädels. Ich weiß nicht, wie oft ich zugeschlagen hatte, weiß kaum noch, dass mich die Soldaten niederknüppelten und wegtrugen.

Nein, ich bereue nichts. Wenn das Gewissen in mir aufheult, zuweilen, wenn ich an diese Nacht zurückdenke, dann, weil ich nicht rechtzeitig eingegriffen habe. Es tut mir um das Leid, das diese Frau erdulden musste, weh.

Dschinnistan

"Schech Ibrahim! Schech Ibrahim!" Fliegende Füße durchstießen den weichen Wüstensand und betraten die kreisrunde Ansammlung von zarthellen Nomadenzelten, die im Wind klatschend aufflatterten. Der Rufer aus der Wüste eilte auf das große Zelt zu, das, von den anderen Zelten beschirmt, inmitten der Wüstenunbill eine windstille Oase ertrotzte.

"Schech Ibrahim! Schech Ibrahim! Es kommen Fremde aus Richtung Buraida!" Blinde Eile findet selten guten Tritt, und mit einem Aufschrei stürzte der Kundschafter denn auch in hohem Bogen geradewegs vor den Zelteingang, der im selben Augenblick aufgeschlagen wurde.

"Was liegst du faul zu meinen Füßen, Yussuf, und außerdem", eine tadelnde Strenge mischte sich in die Stimme von Schech Ibrahim, "warum trägst du das Geschrei eines Esels in unseren Palmengarten, wo wir uns im Schatten der sengenden Sonne ausruhen?"

Mühsam rappelte sich Yussuf auf, schaute betreten zu Boden und murmelte Verzeihungsworte in seinen Bart. Dann freilich erinnerte er sich seiner wichtigen Entdeckung, und ein Wasserfall von Worten sprudelte über seine Lippen. "Höre, Schech Ibrahim! Als ich auf den Bergesklüften nahe der Felsnase Wache hielt und dabei meinen Blick mit den Augen eines Falken in die Ferne schweifen ließ, sah ich mit einem Mal, und wahrlich, mein Herz übersprang einen Schlag, zwei aus der Glut der flirrenden Sonne herauswachsende Schatten auf unseren Ruheplatz zuhalten. An der Art ..."

"Allah behüte mich vor deiner langen Zunge! Wenn ich bedenke, mit welcher Hast und Ungeduld du den Frieden dieses Orts beiseitegefegt hast, lässt mich die Langatmigkeit, mit der du nun geruhst, zur Sache zu kommen, zornig werden. Wozu also das Gezeter, als wäre dir ein Heer von Sandteufeln auf den Fersen, wenn du anschließend die Muße hast, den Himmel mit schönen Worten zu behängen? Halte dich mit dem Bescheid nicht so lange auf, wie ein Kamel zum Saufen braucht, die Sonne brennt mir allmählich die Geduld aus!"

Inzwischen waren auch andere aus den Zelten herausgetreten oder hatten die Kühle der Schatten nahe der Quelle verlassen und umringten die beiden nun mit Wogen aufgeregten Gemurmels.

"Schweigt!", rief Schech Ibrahim dazwischen und verschaffte sich so die nötige Aufmerksamkeit. "Yussuf, lass uns endlich hören, was du gesehen hast!"

Yussuf genoss den Augenblick, als sich aller Augen erwartungsvoll auf ihn richteten, und blühte sichtlich zu einer vielbestaunten Blume auf.

"In knappen Worten!", schnitt Schech Ibrahims Stimme die aufknospende Suade ab.

Yussuf räusperte sich verlegen und erzählte mit beflügelter Zunge, ohne freilich auf eingeworfene Redeblüten verzichten zu können. Man sehe dem armen Yussuf diesen Hang zur üppigen Geschwätzigkeit nach, denn sie entstammt keiner sophistischen Eitelkeit, und verstehe den quellenden Ursprung. Die arabische Zunge wuchs auf und wurde geschliffen in einer alteingesessenen Kameltreiberkultur; und solange Menschenfüße den Wüstensand durcheilen, und solange abends vom Tage müde gewordene Wüstennomaden rings um lodernde Feuer sitzen und sich in ihren prahlerischen, phantasievoll ausgeschmückten und himmelhoch erlogenen Erzählungen ein ums andere Mal verlieren und wiederfinden, wird die Speise der Seele mit dem süßen Weihrauch des Erdichteten gewürzt sein.

"Ich sah zwei Reisende, etwa eine Stunde Kamelritt von hier entfernt, und an der Art, wie sie die Kamele ritten, hätte noch der weltabgewandteste Derwisch Vergnügen gefunden. Mein Auge erkannte zweifelsfrei vom Wohlleben verwöhnte Europäer, und der Ritt wird ein Übriges tun, sie weicher zu klopfen, als sie von Geburt aus sind. Der dreimal verfluchte Iblis möge mir die Seele rauben, und glaubt mir, mit meiner Seele gedenke ich nicht zu spaßen, wenn ich nicht Engländer gesehen haben will."

"Ai, ai", stöhnte Schech Ibrahim mit versonnenem Ernst, "ich träumte vergangene Nacht, ich flöge auf den Flügeln von Dschinnen ins geheimnisvolle Land. Wie gerne wollte ich dort ewiglich verweilen, wo die Feuer grün leuchten und der Himmel nicht mehr das Dach, sondern ein Staubkorn zu meinen Füßen ist. Doch um wie vieles mehr wünschte ich, euch dorthin mitnehmen zu können, ins vermisste, langersehnte Zauberreich, meine Lieben. Allerdings bedarf es, um das Gesetz zu erfüllen, das die alten Bräuche einfordern, einer Gabe von außerordentlichem Reiz, die Dschinnen zu versöhnen für die Vergesslichkeit der Menschen", orakelte Schech Ibrahim, während sich sein Blick in weite Fernen verlor, doch aus dem Stegreif besann er sich auf das Gebot der Stunde. "Ali und Dahud, ihr schwingt euch auf eure Kamele und reitet dem Besuch entgegen, und ihr anderen, beeilt euch, den beiden Fremden einen würdigen Empfang zu bereiten! Wir wollen sehen, was uns die Zeichen verkünden, denen unsere Zunge noch keine Worte verleihen kann."

In Windeseile stob die Versammlung auseinander; die Männer machten sich wie ein Ameisenvolk daran, das Festzelt für die Gäste herzurichten, während die Frauen sich über die Kochkessel beugten, darin die erlesensten Speisen und Genüsse zu komponieren, die im Morgenland die Herzen höher schlagen lassen und selbst dem verwöhntesten Gaumen noch ein Loblied abringen.

Eine wirbelnde Staubfahne kündigte schon von weitem die Ankunft des Besuches an, noch ehe das Getrampel und Geschrei der Kamele die Ohren betäubte. Schech Ibrahim stand in hoheitlicher Gebärde vor seinem Zelt, umsäumt von seinem kleinen Volk. Grüne Fahnen wehten von allen Zeltzipfeln und tauchten die Oase in ein grün getränktes Meer.

Ali und Dahud sprangen gewandt aus den Sätteln und federten den Schwung geschmeidig in den Knien ab. Es war eine Freude, ihnen dabei zuzuschauen. Die Gastfreundschaft erblühte unter diesem Himmel in allen Regenbogenfarben, und so war es nicht weiter überraschend, dass Ali und Dahud eilfertig zu den Kamelen der Gäste liefen, die Zügel mit fester Hand ergriffen und beruhigend auf die aufgeschreckten Tiere einredeten, damit sie sich niederknieten und den beiden Fremden ein bequemes Absitzen ermöglichten.

Das kleine Volk bestaunte die beiden mundoffen. Es war ungewöhnlich genug, dass Fremde sich in diesen Teil der Nefud-Wüste verirrten. Unter den benachbarten Nomadenstämmen sprang das Gerücht beharrlich von einem Mund zum anderen, gottlästernde Ifrite würden die Wüste zu himmelverfinsternden Sandfontänen auftürmen, ja, man wollte gar beschwören, dass hundertarmige Unholde Karawanen entlang der zerklüfteten Gebirgszüge um ihre Habe brachten. So verdunkelte die Rede von einem verfluchten Landstrich die Gemüter und sorgte nachhaltig dafür, dass diese Region zusehends gemieden wurde.

Böse Zungen behaupteten außerdem, dass sich einst ein Beduine hierhergewagt und unter einer vorspringenden Felszacke mumifizierte Leichenteile gefunden habe und dass die Gliedmaßen herausgerissen und in alle vier Himmelsrichtungen zerstreut gewesen seien. Doch damit war der Gipfel der Schrecklichkeiten noch nicht erreicht. Als der Wüstensohn auf den übel zugerichteten Kopf stieß und in die offenen Augen des Toten blickte, erbleichte sein Haupt zu einer schlohweißen Maske. Die arme Seele soll während des kommenden Vollmondes unter fürchterlichen Todesqualen gestorben sein. Es heißt, auch Erinnerungen können töten, wenn das Grab sie nicht erlöst.

Dass Fremde mithin so gut wie nie ihren Weg hierher fanden, gehörte zur Geschichte dieses Landstriches wie der Bart zum Propheten. Europäer freilich hatte kaum einer vom kleinen Volk je zu Gesicht bekommen; und so konnte es nicht verwundern, dass die beiden Gäste wie bunte Paradiesvögel begafft wurden, wiewohl dies der landläufigen Gastfreundschaft zuwider ging. Sie sahen aber auch zu komisch aus, diese beiden Christenmenschen aus dem fernen Europa.

Nachdem die beiden Ankömmlinge beim Abstieg vom Kamel eine eher komische Figur abgegeben hatten, schritten sie steif auf das große Zelt zu, von wo aus Schech Ibrahim ihnen mit wild funkelnden Augen entgegenging, dass noch der wildeste Leopard Reißaus genommen hätte. Sein knöchellanges Gewand wallte plötzlich auf, als stiege hinter seinem Rücken ein Luftwirbel auf. Auch ein Dschinn hätte nicht schauriger auftreten können. Als die beiden Europäer Schech Ibrahim gegenüberstanden, fielen ihre Blicke auf den im Gürtel ruhenden halbmondförmigen Beduinendolch.

Ihre anfänglich zur Schau getragene Unbekümmertheit wich einer beklemmenden Unruhe. Erst, als Schech Ibrahim Worte der Begrüßung sprach, taute ihr Unbehagen wieder auf.

"Salam aleikum! Friede sei mit Euch und beschirme Eure Wege", entbot er das traditionelle Willkommen der Beduinen. "Ich sehe, Ihr kommt von weit her; tretet ein in Freundschaft und Freundschaft sei auch der Geist meines bescheidenen Heimes."

"Wa aleikum as-Salam! Und Friede sei auch mit Euch. Ich bin Franzose und habe meine Heimat vor etlichen Jahren verlassen, um das Arabistan der Mythen und Legenden kennenzulernen." Der da leidlich in der Mundart der syrischen Beduinen sprach, trug eine feine Nickelbrille auf einer zierlichen Nase und wirkte überhaupt im Spiel der Gebärden und Mienen mehr wie ein Lustknabe aus einem türkischen Serail denn wie ein Kriegsmann aus der Horde des ruhmreichen Schlachtenlenkers Bonaparte, des Wüstenlöwen, dem die Muselmanen den Ehrennamen 'Sultan El Kebir' gaben; und dieser korsische David lehrte nicht nur dem osmanischen Goliath das Fürchten, sondern den Ägyptern auch das Hohelied von Freiheit, Gleichheit und Brüderlichkeit.

"Wahrlich", fuhr der elegante Stutzer fort, "wir sind einen weiten Weg von Aleppo aus geritten; grausige Gefahren verachtend, haben wir Düne um Düne und Sturm um Sturm genommen, aber ich will nicht verhehlen, dass Ihr der Stern ward, der uns in der dunkelsten Stunde unserer Hoffnungen den Weg gewiesen hat. Ich bin unsagbar froh, Euch die Hand schütteln zu dürfen!"

"Um meinem Vorredner nicht die schönen Worte zu stehlen", mischte sich nun auch sein bulliger Gefährte in die Rede ein, "will ich lediglich hinzufügen, dass ich aus Ingilistan komme und im Namen der Gesellschaft für Orientalische Kultur dem weit über die Grenzen des Morgenlandes hinaus glänzenden Ruhm des Schech Ibrahim aufs Huldvollste meine Ehrerbietung zolle." Schweißperlen glänzten auf seiner fliehenden Stirn, und die tiefliegenden Maulwurfsaugen unter den buschigen Brauen schienen vor diebischer Freude zu glitzern. Am Auffälligsten an ihm war allerdings seine fleischige, zur Üppigkeit neigende Nase, die über wulstigen Lippen thronte.

Schech Ibrahim stutzte einen Augenblick lang, als ihm die beiden ihre Grußhand entgegenhielten, denn der Orientale pflegt den Händedruck nicht. Seine pfeilschnelle Auffassungsgabe verriet ihm jedoch, dass dieses Brauchtum dazu diente, dem allgegenwärtigen Misstrauen unter Menschen durch eine Geste des Entgegenkommens die Spitze zu nehmen. Ein Orientale trug viel zu viele Waffen am

Leib, als dass er es wagen dürfte, einem anderen so nah zu kommen. Das viele vergossene Blut, das die Wüste seit Menschengedenken trank, trinkt und wohl bis zum Jüngsten Tag noch trinken wird, machte den Wüstensohn gewitzt und außerdem abgrundtief misstrauisch gegenüber ausgreifenden Bewegungen.

Schech Ibrahim entging darüber hinaus auch nicht das boshafte Funkeln in den Augen seiner Gäste. Menschen blieben Menschen, ob die Nasen nun hakenförmig oder kerzengerade verliefen oder datteldick waren. Schnell wie der Sturzflug eines Falken erkannte der menschenkundige Schech, wieviel Gewicht die Fremden darauf legten, wem er als Zeichen der Gunst zuerst die Hand schütteln würde.

Die Stirn des Franzosen als auch die des Engländers legte sich in verblüffte Falten, als Schech Ibrahim mit beiden Händen je eine Hand ergriff und aufs Herzlichste schüttelte. Ein wissendes Lächeln stahl sich dabei auf seine Lippen und wirkte zudem so entwaffnend, dass alle drei lauthals in ein homerisches Gelächter ausbrachen, dem sich die umstehende Rotte sogleich anschloss.

Höflich geleitete er die beiden daraufhin ins Zelt und bat sie, es sich bequem zu machen auf dem Diwan voll seidenglänzender, buntschillernder Kissen. Einige enge Vertraute von Schech Ibrahim nahmen ebenfalls Platz, wenngleich auf dem mit prachtvollen Teppichen ausgelegten Boden, während sich das

Gros seiner Leute vor der offenstehenden Zelttür niedersetze und die Ohren spitzte.

"Es überrascht mich", eröffnete Schech Ibrahim gestenreich das Gespräch, "dass inmitten der Wirren und Irrungen eines auch in unserer verlassenen Wüstenregion ruchbar gewordenen Krieges zwischen dem französischen Haudegen und der Britischen Krone zwei Abgesandte ebenjener Kriegsparteien in inniger Eintracht vor mich hintreten und meinen Namen mit viel Ruhm bekränzen. Wie ist das zu erklären?"

"Missversteht uns nicht, Schech Ibrahim", ergriff der Brite das Wort und ließ damit seinen Mitreisenden kalt ins Hintertreffen geraten, "unser Ansinnen ist von jeglicher Malice zur Kriegstreiberei so fern wie der Himmel von der Hölle. Auch uns, die wir im Geiste der Humanität Brüder derselben Ideale sind, kommt angesichts der moralischen und politischen Verfehlungen tiefstes Unbehagen an ..."

"Wofür unser beider Erscheinen den Zeugen par excellence abgibt", beeilte sich der Franzose, Fuß zu fassen im Gespräch.

"Der Krieg der Interessen, wie er in Europa tobt und alle unschuldigen Menschen in ein Meer aus Leid und Kummer stößt, darin sie ertrinken", warf der schwer ächzende Engländer seinen Kollegen erneut aus dem Rennen um die Aufmerksamkeit des Schechs, "ist in seinem Wesen widernatürlich und durch und durch das Narrenwerk unfähiger Regenten. Es ist beklagenswert, dass die Welt durch diesen Konflikt in ein Zeitalter der Finsternis zurückstürzt. Alle Kriegsgräuel sind schrecklicher, als Worte es je fassen könnten, und doch ist guter Rat nicht teuer. Und ich bin wie mein französischer Geistesfreund voller Zuversicht, dass die Stimme der Gerechtigkeit über alle Landesgrenzen hinweg wie eine endzeitliche Posaune erschallen und die verderblichen Kräfte, namentlich die der Partei des Scheusals Robespierre, dessen Kopf dankenswerterweise inzwischen guillotiniert wurde, angehörenden Revolutionäre, in jene Löcher zurückdrängen wird, aus denen sie gleich Ratten in einem Moment der Unachtsamkeit hervorgekrochen sind, um die guten Sitten einer hehren Menschheit mit ihrem pestilenzialischen Geruch zu beschmutzen. Verzeiht ...", japste der Engländer nach Luft, "... ich habe mich vergessen."

"Seht meinem Weggefährten liebenswürdigerweise nach, dass er sich über Gebühr für die Sache der Menschlichkeit echauffiert", der Franzose rümpfte erhaben die Nase, "er ist malade, ein Leiden seines Herzens gewissermaßen, das aus Gram über die vielen Menschenschicksale schwer zu tragen hat."

"Ich will Euch gerne glauben, dass Ihr christlichen Anteil nehmt an den Qualen der betrüblich Leidenden", pflichtete ihnen Schech Ibrahim bei und dachte bei sich: 'Der Heuchler offenbart sein Gesicht mit der Entrüstung.'

□□□

"Um auf unser Anliegen zurückzukommen", vollführte der französische Leichtfuß eine schmeichelnde Wendung, "der seit alters her unbändige Drang nach Wissen und Erkenntnis war der Wind in unseren Segeln, der heilige Kurs jedoch, den wir mit ganzer Seele einschlugen, folgte Euren Fußstapfen, die Ihr in der Welt hinterließet. Die ganze abendländische Altertumsforschung steht im Schatten Eures Wissens; mit Euch winkt Europa ein neuer Morgen!"

"Verschließt uns nicht die Quellen Eures Geheimnisses, Schech Ibrahim!" bekräftigte auch der Engländer sein feuriges Begehren.

"Ich beginne zu ahnen", erwiderte Schech Ibrahim mit einem seltsamen Glanz in den Augen, "wo der Sturm und Drang seine Wiege hat. Wenn ich mich recht entsinne, traf ich vor etwa einem Jahrzehnt einen deutschen Orientreisenden beim Ramadanfest in Damaskus. Obgleich ihm die akademische Schulbank einen geradezu naiven Talar der Gelehrsamkeit übergezogen hatte, erwärmte mich dennoch sein überschwängliches Feuer, das sich so leidenschaftlich nach den Geheimnissen des Orients verzehrte. Seine Wissbegier pochte so viele Male an die Tür meines Herzens, wie ich mich ihr verschloss. Anlässlich einer Partie Schach in einem stadtbekannten Kaffeehaus allerdings, ich wunderte mich damals sehr über die seltsame Art der Figurenführung, in Europa scheinen die Regeln ein wenig durcheinandergeraten zu sein, nun ja, wie gesagt, da erhörte ich ihn, vielleicht aus einer Laune heraus, denn sein Spiel gefiel mir durchaus, es hatte Geist und Esprit und verlangte mir ein gerüttelt Maß an Raffinesse ab."

"Nachdem er wieder heimatlichen Boden betreten hatte, sammelte er einen Freundeskreis um sich." Der französische Edelmann zog ein Spitztuch aus seinem Ärmel und betupfte sich die Stirn, ehe er fortfuhr: "Schnell griff der Funke auch in andere Lande über. Seine Erzählungen waren der treibende Samen, der nach seinem allzu frühen Tode in ganz Europa zur Gründung der 'Clubs orientalischer Freunde' führte, als deren zwei Abgesandte wir viele Mühsale und Irrfahrten auf uns genommen haben, um zu guter Letzt in diese gottverlassene Ödnis der Nefud-Wüste zu gelangen", resümierte der Franzose mit hechelnder Zunge. Die Sonnenglut hatte den Speichel seines Lobes ausgetrocknet.

Der Engländer nutzte diese Gunst, derweil der Franzose verschnaufen musste, um seinerseits den Faden der Erzählung weiterzuspinnen. "Diese freigeistigen Zirkel haben sich zum Ziel gesetzt, die Magie des Vorderen Orients den Klauen eines jahrhundertealten Schlafes zu entreißen. Ohne die lückenhaften Anspielungen in alten Fragmenten und Handschriften sowie die authentischen Berichte wagemutiger Orientreisender, die in Tuchfühlung mit der alten arabischen Welt kamen, würde dem menschlichen Herzen unstrittig der eigentliche Pulsschlag fehlen. Wir Auserwählten im Geiste der

Erneuerung schwören auf die Wiederkunft eines neuen Zeitalters der Legenden. Schech Ibrahim, hier vor Euch lege ich mein weltliches Gewand und alle Privilegien meines Standes ab und erbitte von Euch, dem letzten Bewahrer des Großen Geheimnisses, Belehrung über die verborgene Geisterwelt. Welcher Sohn Arabistans könnte sich rühmen", schloss der Engländer seine Rede, "im Besitz eines solch profunden Wissens zu sein."

Schech Ibrahim musste schmunzeln über die honigsüßen Schmeicheleien zu seiner Person, standen sie doch im eklatanten Widerspruch zu den Kolonialinteressen ihrer beider Regierungen an den Handelswegen auf der Arabischen Halbinsel. Listig entgegnete er daher: "Schimpft man mich in Euren Landen nicht den verrückten Araber, der den Tod, den Kuss Allahs, schon zu Lebzeiten auf den Lippen trägt und der mit widerwärtigen Nachtunholden zu Abend speist? Lichtscheuchen nennt man sie wohl, denn sie sind ein Lichtraub auf Erden. Ich aber bin nur ein ergrauter Beduinenhäuptling und weiß nichts von solcherlei Dingen. Was sollte ich Euch anderes lehren, als dass die Geschicke dieser Welt keine Geheimnisse haben?", lächelte Schech Ibrahim salomonisch.

Der Franzose, sichtlich düpiert von dieser gelenkigen Wendung des Schechs, auf die er nichts zu erwidern wusste, besann sich daher auf einen Schleichweg, um seinem Vorhaben Nachdruck zu verleihen. "Die letzten Sterbensworte von Joachim Lux lauteten, und ich gebe sie, bei meiner Seele, in Wahrheit wieder, 'ach, könnte ich nur ein einziges Mal noch die Wasserpfeife an meine Lippen führen und ihr Geheimnis einatmen. Schech Ibrahim, verzeiht meinen Kleinmut', dann verstarb er mit einem so grausigen Röcheln, dass den Trauernden an seinem Sterbebett ein kalter Schauer durch die Glieder fuhr."

"Eure Hartnäckigkeit ehrt Euch und verleitet mich zum Leichtsinn, die Zunge ein wenig zu lösen", beteuerte Schech Ibrahim salbungsvoll und überflog im Kopfe rasch die blumenreichen Floskeln, mit denen die arabische Zunge Fremden gegenüber nur andeutungsweise anklingen ließ, was im Herzen des Geheimnisses für immer versiegelt lag, ohne dass die Schicklichkeit jedoch darunter zu leiden hätte. Aus dieser Gewitztheit, fremde Ohren nur hören zu lassen, was der Wüstenwind ohnehin flüsterte, entwickelte sich mit der Zeit denn auch eine eigene Richtung der poesievollen Rhetorik. Schech Ibrahim sagte also: "Es gibt Gewissheiten, die lehrt den Menschen der Tod, aber einige wenige unter den Sterblichen fühlen sich bereits zu Lebzeiten dazu berufen, der Qual der ewigen Angst aller Seelen vor dem Kismet die Gefolgschaft aufzukündigen. Denn wer dem Pfad der Sterblichkeit folgt, ist wie einer, der blind in einen Sandsturm hineinwandert, ohne je zu wissen, wohin es ihn verschlägt. Der Vogel kehrt des Nachts in sein Nest zurück und findet 's leer, womit ich sagen will, dass des Menschen Träume kein Echo finden in der Welt. Der Mond über meinem Zelt und die Sterne am nächtlichen Himmel, die zahlreich aus der Ferne blinken, haben, auch wenn ihr Alter Äonen misst, noch nie etwas vom Menschenkind gehört. Ein Flüstern ist 's aus alten Überlieferungen, das die Zelte der Nomaden ahnungsvoll umschleicht. Was wollte ich lieber, als dies Kind in Händen zu halten, doch die Wüste verschlingt seine Geburt, und in den steinernen Stätten der Menschen hat man sein Wiegenlied lange schon vergessen. Wer diesen verlorenen Traum gegen das Schlangennest irdischer Verheißungen erstreiten will, stirbt bei dem Versuch oder wird verrückt."

Schech Ibrahim sah, dass seine Gäste seine Worte zwar wie Verdurstende aufsogen, aber im Grunde ihre tiefere Bedeutung in keinster Weise begriffen, dass sie stattdessen befeuert und beseelt waren von der allzu räuberischen Aussicht, lieber ein abgerissenes Palmenblatt von seinem Wissen und Wirken in der Wüste bei der Rückreise in ihre Heimatlande im Gepäck mitzunehmen, als der Vergänglichkeit dieser Welt offen die Stirn zu bieten. Schech Ibrahim war daher nicht im Geringsten überrascht von der sich abzeichnenden Schneckenspur ihrer verheimlichten Motive.

"Lasst mich in Euer Geheimnis blicken", bestürmte ihn der steifbeinige Engländer.

"Nichts soll mein Auge trüben für den Stern Eurer Weisheit", leistete auch der Franzose den heißblütigen Schwur.

"Nun denn, wenn dies Euer Wunsch ist", entgegnete Schech Ibrahim, "will ich Euch zuliebe die Geister rufen, die im Rauche ihre Reiche verlassen. Viele Leute zünden sich ihre Wasserpfeife an, sitzen in schlummervollen Freudenwolken und überlassen sich dem Müßiggang in der trockenen Trunkenheit des Rauchens. Es liegt mir fern, den Taumel des Tabaktrinkens zu verdammen; mich kommt zuweilen nur ein Jammer an ob ihrer Bescheidenheit, denn sie ahnen nicht einmal im Entferntesten, dass der Rauch wie der Flügelschlag der Winde von verborgenen Welten kündet. Hassan, mein schöner Jüngling, baue den Schischeh auf, und ihr, Suleiman und Ismael, tragt Sorge dafür, dass alles Notwendige zuletzt zu meiner Verfügung steht."

Ein geschäftiges Treiben hob von einem Augenblick zum anderen an; wie durch Geisterhände getrieben, eilten alle Stammesangehörigen stehenden Fußes im Zelt umher, stellten ein messingverziertes Tischlein in die Nähe des Diwans, kramten rußgeschwärzte Utensilien aus einer silbergeschmiedeten Truhe hervor und legten sie sorgfältig auf das nämliche Tischlein, traten bald geschwind nach draußen, stürmten bald wieder ins Zelt zurück mit allerlei bunten Tüchern unter dem Arm. Am meisten erregte jedoch in den Augen der Gäste Erstaunen, dass die ganze Rotte zwar gleich flirrenden Dschinnen kreuz und quer rannte, aber nie mit den Leibern gegeneinanderstieß oder sich gegenseitig den Weg verstellte. Und ehe sie 's sich versahen, stand auf einem golddurchwirkten Tuch eine trotz ihrer beduinischen Schlichtheit Stil und Grazie ausstrahlende Nargileh.

"Euch untersteht ein außerordentlich gut geführtes Regiment, Schech Ibrahim, um das Euch jeder Feldherr beneiden würde", bemerkte der Engländer anerkennend.

"Wir fügen uns wie die Finger einer Hand, die nach einem Becher voll süßem Nektar greift", erläuterte Schech Ibrahim und vollzog in der Luft die Bewegung einer sich schließenden Faust, "und dennoch bewahrt ein jeder Finger seinen eigentümlichen Charakter, und es liegt kein Widerspruch darin, wenn ich Euch sage, dass die Hand erst durch den ungebrochenen Fluss aller Finger zur vollen Stärke gelangt. Dies ist das Gleichnis vom Regenbogen."

"So ist die Kette nicht so stark wie ihr schwächstes Glied?", warf der Franzose lauernd ein.

"Keineswegs! Ich spreche nicht von den Gliedern, die, gespalten in fremdbestimmte Ziele und Zwecke, erst die strenge Hierarchie einer Befehlsgewalt und damit die folgenschwere Ausuferung in stark und schwach erschaffen", konterte Schech Ibrahim mit entwaffnender Zungenfertigkeit, "sondern von der durch keine Regung oder Irritation gestörten Geschlossenheit der Hand. Eine Armee, wie Ihr sie im Sinn habt, krankt doch gerade an der Auswechselbarkeit ihrer Glieder und der Unfähigkeit, einen Befehl zu erfüllen, gegen den sich alles in ihr sträubt.

Ein Krieger kennt nur die Pflicht, das Schlachtfeld mit seinem Blut zu weihen. Lasst mich Euren Einwand ins Gegenteil verkehren: Die Kette ist so stark wie ihr kleinstes Glied vollständig und ganz in die Bewegung eingeht und im Übertrag auf die Wirklichkeit die starre Form von Anfang und Ende überwindet."

"Pardon! Ihr seht mich beschämt ob meiner voreiligen Widerrede, und neidlos verneigt sich mein Haupt vor Eurer Weisheit. Nehmt bitte meinen Dank an für die Repassierung meiner Irrtümer", deutete der Franzose ein Nicken seines Kopfes an.

Schech Ibrahim lächelte versonnen. "Mir liegt viel daran, das Unbehagen in einer jeden Frage in wachsenden Zorn zu wandeln. Aber genug der Worte aus lüsterner Höhe, lasst uns nunmehr beginnen."

Die beiden Fremden beobachteten mit übergroßen Augen jeden Handgriff von Schech Ibrahim. Mit der Geduld eines Mannes, der sich für eine lange Reise wappnet, bereitete er den Tombak, jenen gelbblühenden Tabak aus der Levante, vor, wägte die einzelnen Zutaten sorgfältig ab und mischte wohlriechende Ingredienzen darunter.

"Ich habe es gern", erklärte Schech Ibrahim, "den Tombak mit einer Handvoll Rosenblätter und einigen Prisen zerstobenen Sandelholzes zu würzen. Es finden sich gelegentlich Perser, die Haschisch und Opium miteinstreuen, um sich in einen Freudenrausch zu wiegen, doch vornehmlich tun es die Osmanen. Wie ich bereits erwähnte, nur sehr wenige ahnen die Tiefe des Tabakrauchens, sofern man den Anschein besiegt, der im Glanze falschmünzt. Aische, trage bitte auf!"

Befremdlich für mohammedanische Sitten, betrat ein unverschleiertes Mädchen mit rehbraunen Mandelaugen das Zelt, deren liebliches Gesicht kohlrabenschwarzes Haar umlockte. Und für verzauberte Momente umwehte der zarte Hauch von Orchideen ihre Erscheinung, was die Blicke der Europäer auf sich zog.

"... sofern man den Anschein besiegt", räusperte sich Schech Ibrahim, "der im Glanze falschmünzt!"

Verlegen senkten die beiden ihre Blicke zu Boden, als sie die Schälchen mit schwarzem Kaweh aus der Hand Aisches entgegennahmen. Dann wurde Essen aufgetragen. Ein verführerischer Duft durchtränkte die Luft, es roch nach warmem, mit scharfgewürztem Hammelfleisch gefüllten Fladenbrot, dampfenden Reisschalen und gerollten Fleischbällchen, während kandierte Datteln und mit Pistazien bespicktes Helva das hungrige Auge lockten. Es bedurfte nur eines bescheidenen Winkes von Schech Ibrahim, dass seine Gäste beherzt zugriffen und mit Hingabe aßen. Inzwischen bereitete Schech Ibrahim die Glut vor.

"Das Feuer gleichmäßig zu schüren, darauf kommt es im Wesentlichen an", erklärte er seinen Gästen, "andernfalls wird der Tabak zur Speise der Gier und nicht zum Genuss für den Gaumen. Zuvor jedoch soll dem Bauch Genugtuung widerfahren, greift nur ungeniert zu, es soll Euch königlich munden."

Immer neue Köstlichkeiten wurden aufgetischt, eine Speise überbot die andere um feinere Geschmacksnuancen. Alles schmeckte so unerhört lecker, dass der Mund sich die Finger leckte. Die beiden blickten denn auch erst wieder auf, als der Rauch leise brodelnd durch die Wasserpfeife zog. Schech Ibrahim bot beiden je einen Schlauch an, den sie mit glückseligem Antlitz ergriffen.

"Erst wenn sich der Mensch zufrieden an den Bauch fassen kann", lächelte Schech Ibrahim schelmisch, "weiß er das Geheimnis zu schätzen, das im Tabak ruht."

Behutsam, als hielten sie die Speise der Götter in den Händen, führten die Fremden den Schlauch zum Mund und sogen süßen Rauch in ihre Wangen und ließen sich den Gaumen verwöhnen.

"Auch das Rauchen der Wasserpfeife kennt eine mystische Weihe", sinnierte Schech Ibrahim. Rhythmisch wiegte er den Kopf und intonierte einen Gesang mit gutturalen Lauten.

Aus den Augen seiner Gäste schoss die Flamme einer ungezügelten Gier auf, unstillbar in einem Verlangen, das nach immer mehr Nahrung schrie. Erst, als sie mit aller Aufmerksamkeit lauschten, erfassten sie im Singsang einen wiederkehrenden Reim.

"Leget den Tombak darein,
Machet den Leib ganz klein,
Gießet das Wasser hinzu,
Bettet die Seele zur Ruh',
Traget die Gedanken heim,
Dies bittet den Geist herein."

Und je inniger Schech Ibrahim sang und die Schleier der alten Welt zerriss, desto drängender und wilder peitschten die Stürme einer verborgenen Geisterwelt gegen die Zeltwände. Die Zeit, im Empfindsamsten verschreckt, verkroch sich im Schoße der Ewigkeit, die Luft erzitterte in banger Erwartung lange angekündigter Gräuel und die Erde, dieses unbequeme Bett, auf dem das Leben mit dem Schicksal rang, seufzte auf unter den Stößen eines mächtigen Erwachens.

Die Odyssee der Gedanken, die darauf hoffte, im Menschen eine Welt zu errichten, versiegte im Wüstensand, als Schech Ibrahim den Gesang beendete und seinen Gästen aus grün schillernden Augen ins Innerste schaute. "Die Tore sind entriegelt, und es bedarf nur eines Wortes, dass der Äther wutschnaubend in die stöhnende Wirklichkeit entweicht."

"Ihr habt uns wohl unterrichtet, Schech Ibrahim, doch die Bedeutung des Feuers ausgespart", begehrte der leutselige Franzose auf.

"Sollte es möglich sein, dass Ihr noch nicht dahintergekommen seid? Ahnet Ihr es denn nicht? Sucht Ihr etwa noch immer nach dem, was das Leben angstvoll vor sich selbst verbirgt? Ich will Euch ein Geheimnis verraten, das ein jedes Sandkorn in der Wüste kennt, doch Euch anscheinend den Kopf zerbricht: Im Feuer wohnt die Arglist. Iblis ist der Mitwisser in jeder Verschwörung, und so hat dies Spiel aufgehört, sich selbst zu täuschen! Weshalb seid Ihr wirklich zu mir gekommen? Gesteht Euren Verrat!", donnerte es aus dem Munde von Schech Ibrahim.

Der Engländer zitterte wie Espenlaub, nur mühsam quälte er die Worte hervor: "Auf der Weihrauchstraße hoffte ich auf Wunderwerke ... für den europäischen Antiquitätenmarkt."

"Meine Gewinnsucht hat mich ... zu den Schätzen der arabischen Welt geführt. Ich kam als Kreuzfahrer", stammelte der französische Bonvivant.

"In den Grenzen Eurer Religion sind Reue und Buße begehbare Wege." Schech Ibrahim legte das Mundstück der Wasserpfeife aus der Hand und starrte aus engen Augenschlitzen zu den beiden Fremden hinüber. "Ich habe Euch unter mein Zeltdach gebeten und mit dem Rosenduft der Gastfreundschaft beschenkt. Warum sollte ich Eurem Verrat nun billigerweise vergeben? Ihr habt wie im Traume nach dem Licht gerufen, und als das Dunkel wich, ward Ihr umringt von der Dienerschaft

Eurer eigenen ränkevollen Absichten! Ein Mensch ruft immer nach den Geistern, die in seiner Seele wüten."

"Aber wir taten es aus Liebe zum Orient", warf der Franzose verzweifelt ein.

"Ja, das wäre ein Grund zur Ursache, aber ich sehe nicht, dass Ihr bereit seid, den Schatten zu überspringen, der Euch an die Geschichte Eurer räuberischen Herkunft bindet. Beide kennt Ihr nur die Leidenschaft zu Euren Geldbörsen. Ihr kamt nicht um des Geheimnisses wegen zu mir, nicht einmal um meinetwillen, sondern weil die Gier Euch dazu angespornt hat, Euch Wissensschätze unter fremden Himmeln anzueignen. In meinen Adern jedoch pocht ein Hämmern gegen die Falschheit aller doppelzüngigen Treueschwüre."

Schech Ibrahim trieb die beiden mit Fußtritten aus seinem Zelt hinaus, dass sie mit dem Gesicht nach unten auf den flirrenden Wüstensand fielen. Dann wendete er sich von den beiden Glücksrittern ab, hob die Arme in die Höhe, und sein Gesicht verfinsterte sich zu Schajtans Ebenbild, als er seine Stimme machtvoll zum Wüstenwind hochschickte: "Ihr Meinigen, eilt zu eurem Schech und betretet mit mir den Dunklen Pfad in die immergrünenden Finsternisse. Ich rufe den Abgrund aller Schrecken. Ihr Tore von Dschinnistan, öffnet euch!"

Wut heulte auf und Zorn knirschte mit den Zähnen, als die Furienwinde, Töchter der dunkelsten Hölle, herabfuhren auf die irdische Heuchelei. Nebel aus grünem Dunst wallten gespenstisch auf und zogen die Welt unter ihr weites Gewand. Für einen kurzen, verschwenderischen Augenblick streckte ein apollinisches Licht bittflehende Hände zum Himmel empor, ehe es in einem Meer der Düsternis ertrank. Bedenke, Mensch, was der Gruft entstieg, hat das Leben überwunden!

Epilog

Aus dem Tagebuch eines nestorianischen Mönches ist die folgende, recht interessante Passage zu entnehmen, nämlich dass im Jahre des Herrn 1812 ein "Fremder mit sonderbar toten Augen geradewegs auf die Klostertür zumarschierte. Er kam aus der Wüste, mit der Sonne im Rücken, und dennoch schien er keinen wirklichen Schatten zu werfen. Hätten nicht beherzte Mönchsbrüder ihre Angst niedergerungen und das Schloss entriegelt, dass er über die Schwelle auf gesegneten Klosterboden fiel, ich glaube, er hätte das Eichentor ansonsten einfach durchbrochen. Er war nicht bei Sinnen, wirkte mehr tot als lebend, und uns Brüdern schauderte, in seine Augen zu sehen, denn er hatte keine Pupillen. Gott schütze seine arme Seele! Noch am selben Abend verstarb er unter den grässlichsten Qualen, die je ein Mensch auf Erden zu erdulden hatte, bis ihm der gnädige Tod sanft über das Haupt strich."

Jahre später, im August des Jahres 1817, entdeckten englische Forschungsreisende im Sand der Nefud-Wüste den Leichnam eines Menschen, der im Nachhinein als Bürger der britischen Krone erkannt wurde. Die Wüste hatte zwar nicht viel von ihm übriggelassen, doch genug, um ein Anstoß für Alpträume zu sein. Als ihn die Expeditionsmitglieder freischaufelten und seiner Gebeine ansichtig wurden, fraß sich ein gottloses Grauen in ihre Glieder. Er war übel zugerichtet, so, als hätten dämonische Hände seinen Kopf entzweigerissen, um in seinen Schädel hineinzuschauen.

Die Beduinen meiden auch weiterhin einen gewissen Teil der Nefud-Wüste. Auch Geier fliegen nicht darüber hinweg, obgleich mancher schwört, dass von dort in gespenstischen Vollmondnächten ein Gestank nach Tod und Verderben herüberweht. Und so scheint alles beim Alten geblieben zu sein, nur dass dieses Grenzland der Angst inzwischen um ein Beträchtliches angewachsen ist. Niemand weiß warum, und wer wollte es wagen, danach zu fragen, ohne davor zittern zu müssen, die Dschinne auf sich aufmerksam zu machen?

Die mit den Toten wandeln

"Ah, da sind Sie ja, Herr Oberst!" Ein kleiner, untersetzter, zur Dickbäuchigkeit neigender Mittfünfziger mit einem grauschwarzen Schnurrbart, himmelblauen Augen, die seltsam fahrig zu mir herüberblicken, und herabhängenden Wangen tritt durch die sich mit einem leisen Surren öffnende Schleusentür in mein Büro ein. Seit Tagen habe ich auf seinen Besuch gewartet. "Haben Sie Neuigkeiten?"

"Ja, aber keine guten." Seine Stimme klingt heiser und irgendwie melancholisch.

"Blieb die Rettungsexpedition etwa ohne Erfolg?", frage ich besorgt.

"Sie fand nur im Raum treibende Trümmer. Es muss eine schreckliche Katastrophe gegeben haben." Die Unterlagen, die er in verkrampften Händen hält, fallen mir ins Auge. "Tja", fährt er betreten fort, "vom Bordcomputer konnte nur die letzte Eintragung gerettet werden."

"Gibt sie Aufschluss?"

"Kein Wort über die Expedition! Es ist ein Jammer!" Grimmig kräuseln sich seine Lippen und für einen Augenblick schüttelt er wütend den Kopf, ehe er sich auf einen Wink von mir in den ausgepolsterten

Sessel mit den geschlängelten Armlehnen fallen lässt und dabei laut und vernehmlich aufächzt. Seine korpulente Gestalt scheint im Sessel wie ein Stein im Teich zu versinken. Trauer spiegelt sich in seinen kleinen Augen.

"Gab es irgendwelche Überlebenden, Herr Oberst? Schließlich waren mehrere Tausend Männer und Frauen auf dem Schiff."

"Die meisten Rettungskapseln verglühten zu Staub, einige stürzten in die Sonne, nur eine konnte sich auf einen Planeten retten." Der Oberst trommelt mit den Fingern seiner rechten Hand auf der hölzernen Armlehne, wie um sich selbst zu beruhigen, einen rhythmischen Takt aus den Kindertagen der Menschheit.

"Immerhin. Aber sagen Sie, Herr Oberst, Sie sehen ja richtig leidend aus. Etwa auch dort ..."

"Alle tot!", stöhnt er schwer. "Die Mühe der vielen Vorbereitungsjahre ... alles vergebens!"

"Nicht einer?", ringe ich bestürzt um Fassung.

"Diese Papiere hier fand man an der Absturzstelle. Ein gewisser Ben O'Sullivan, der Bordarzt, hat sie niedergeschrieben. Unsere Experten können sich keine Meinung über den Inhalt bilden. Aber lesen Sie selbst. Hier ist zunächst der unversehrt gebliebene Computereintrag."

"Darf ich Ihnen etwas zu trinken anbieten, Herr Oberst?", frage ich vertraulich, denn ich kenne ihn seit der Sternenakademie und weiß um seine Schwäche.

Seine Augen lachen wieder. "Haben Sie etwas vom ..." Er nickt verschwörerisch mit dem Kopf.

"Ja, auch davon", entgegne ich schief grinsend. Also gieße ich ihm ein Glas mit schottischem Whisky ein, und sein ganzes Gesicht leuchtet hell wie eine Reklametafel, als die goldgelbe Flüssigkeit glucksend aus der bauchigen Flasche hervorsprudelt.

"Hier", er schiebt mir mit seinen kleinen, feisten Fingern ein einzelnes Blatt herüber, "das ist der letzte Eintrag aus dem Logbuch."

Ich nehme den Ausdruck entgegen und beginne neugierig zu lesen.

Logbuch 45/x-3y, Akte 406, Erdenjahr 2478 - 30. Mai. Kommandant: Charles Haley. Heute ist der 632. Tag der Forschungsreise der Aldabaran-5. Die Entfernung zur Erde beträgt 25 Milliarden Lichtjahre. Wir durchqueren eine uns unbekannte Galaxie der Dunkelzone A3/8.4. Seit gestern befinden wir uns in einem Doppelsternsystem, das 34 Planeten umfasst, die auf parabolischen Bahnen wandern. Nähere Angaben zur astronomischen Bestimmung sind im Kosmo-Computer gespeichert. Der Cobalt-Iridium-Atomwaffentest auf dem kleinsten der Sonnentra-

banten fand heute Morgen ordnungsgemäß zur Bordzeit 11:30:00 statt. Eine detaillierte Auflistung der Resultate des neu entwickelten Waffensystems auf seine militärische Tauglichkeit hin findet sich im Zentralen Militärcomputer (ZMC) in kodierter Form (Sicherheitsstufe 7).

Zwischenzeitlich fielen einige Ventilsteuerungssysteme aus, aber die Technikergarde ging unverzüglich ans Werk und wird in Kürze die Reparatur abgeschlossen haben. Pionierwissenschaftler Herbert Troyman meldete vor zwei Stunden, dass auf dem Typ-5-Planeten eine vom Kaskadenspektrum abweichende, unregelmäßige Strahlung gemessen wurde. Wir befinden uns seitdem auf direktem Anflug auf besagten Planeten. Laut meiner Kommandobefugnis gab ich ihm, dem Vorschlag Troymans folgend, den Namen Sub-Terra. Die Vorbereitungen zur Erkundung der Störquelle laufen reibungslos. Nennenswerte Zwischenfälle: keine. Persönlicher Eintrag: Nur das Syntho-Essen schmeckt von Tag zu Tag fader. Das Wetter draußen ist dagegen herrlich; reichlich Sonne, kein Kometenhagel und eine Temperatur von -180 Grad."

Ich lege die Computerabschrift auf den Tisch zurück und blicke den Oberst gutmütig an, der mit genüsslich geschürzten Lippen am Whiskyglas hängt. "Den Weltraumhumor hat er offenbar bis zuletzt nicht verloren. Ich kannte Haley noch aus der Akademie. Hat man seine Frau Silvie inzwischen verständigt?"

"Ja", brummt der Oberst. "Ich sagte es ihr selbst. Alles in allem trug sie es mit ... Fassung."

Verlegen senke ich den Blick. "Ähm, und die Aufzeichnungen des Arztes ergeben keinen Sinn, sagten Sie?"

"Zumindest wird niemand schlau daraus. Die losen Fäden lassen sich zu keiner vernünftigen Erklärung, die uns dienlich sein könnte, zusammenknoten. Es ist eine Tragödie. O'Sullivan war wissenschaftlich geschult, ein Offizier von allerbestem Ruf, und trotzdem ..." Seine Stimme stockt und verstummt jäh, als wäre sein Geist im Grübeln über einen bedeutungsvollen Gedanken in ein tiefes Loch gefallen.

"Darf ich?" Ich bitte den Oberst um die Blätter, die er auf seinem runden Bauch abgelegt hat.

"Hier bitte", antwortet er mit einem Anflug von Irritation in den Augen.

Ich nehme das Bündel Papiere entgegen, lehne mich bequem zurück und vertiefe mich in die Aufzeichnungen, die mit hastiger, fast unleserlicher Schrift geschrieben sind. "Bedienen Sie sich", lade ich den Oberst zuvor zu einem weiteren Glas ein. "Ich habe noch eine volle Flasche in Reserve."

Eifrig nickend wälzt er sich aus dem weichen Sessel und gießt sich ein zweites Glas ein. Ein samtiges

Aroma verbreitet sich im Raum, die Nase angenehm kitzelnd.

3. Juni 2478

Nach einem Zusammenstoß mit interstellaren Kometenschwärmen versagten diverse Regulations- und Steuerungssysteme. Die Hochdruckventilkreise des atomaren Triebwerkreaktors zerplatzten, das Cadmium schmolz und der gesamte Energieumsetzungsprozess geriet außer Kontrolle. Während die Alarmsirenen heulten, flüchteten alle in die Rettungskapseln. Es gelang uns in allerletzter Sekunde, genügend Abstand zu gewinnen, bevor das Mutterschiff im luftleeren Raum mit einem grellen Lichtkegel auseinandergerissen wurde. Die Druckwelle schleuderte unsere Kapsel hilflos durch den Raum. Wir hatten Glück, nicht durch große vorbeijagende Trümmerstücke zerfetzt zu werden. Dennoch wurden wichtige Teile der Zentralsteuerung offenbar durch kleinere anfliegende Splitter beschädigt. Aus den Lukfenstern beobachteten wir mit Bestürzung, dass viele Kapseln Treffer erhielten und in einem gegen die Leere des Weltraums gespenstisch tanzenden Licht explodierten. Nur mit großen Mühen und dem verdienstvollen Navigationsgeschick des führenden Offiziers Joe Brandon konnten wir Kurs auf Sub-Terra nehmen. Der Eintritt in die Atmosphäre war hingegen eine totale Pleite. Mehrere Bremsaggregate versagten, so dass uns nur der notdürftig abgeschwächte Kollisionskurs in einen schillernden See vor dem sicheren Tod rettete. Im darauffolgenden Tumult, es herrschte verständlicherweise eine heillose Panik, verließ die Besatzung in Windeseile mitsamt den wichtigsten Utensilienkoffern das rasch sinkende Schiff und schwamm ans schilfüberwucherte Ufer. Nicht allen gelang die Rettung. Sieben Besatzungsmitglieder wurden vom Sog erfasst und unrettbar in die Tiefe gezogen.

"Erschreckend, wie nüchtern und emotionslos O'Sullivan seinen Bericht abfasst", sage ich laut, um meiner Unruhe Herr zu werden.

"Bericht?", erwidert der Oberst mit ungläubiger Miene. "Diese kalte Logik hat etwas Morbides und ist doch nur der Schatten einer viel verhängnisvolleren Entwicklung. Aber das ist es nicht, was mir Kopfzerbrechen bereitet. Glauben Sie mir, man muss schon ein hartgesottener Charakter sein, um den Tod von Abertausenden in eine Art Poem zu kleiden. Das Mysteriöse an der ganzen Geschichte werde ich Ihnen allerdings erst verraten, wenn Sie die letzte Zeile gelesen haben. Also fahren Sie fort, ich werde solange mit Ihrem Whisky flirten!"

Wieder vertiefe ich meinen Blick in das Geschriebene. O'Sullivans Handschrift verfällt zuweilen ins Gekritzelte, so dass ich mir den Sinn oft zusammenreimen muss. Alles in allem hat er sich um wissenschaftliche Standards bemüht, die ihm offenbar Halt gegeben haben inmitten der katastrophalen Situation. Ich lese weiter.

Eine tropische Vegetation umgibt uns mit einem schier unerschöpflichen Pflanzenreichtum. Befremdlich wirkt nur ihr Riesenwachstum. Auch die Luftfeuchtigkeit zeigt regenwaldtypische Werte an. Das Atmen fällt uns schwer. Die Strahlungsmessung ergibt keine schädliche Radioaktivität. Resümee der ersten Forschungsanalyse: Die klimatischen Verhältnisse sind für humanoide Geschöpfe verträglich. Wir sind lediglich von den überdimensionalen Insektenschwärmen irritiert ...

'Irritiert?' Ein kalter Schauder will mir ins Herz greifen. Wo nimmt dieser Mann bloß die Chuzpe her, das Lebensfeindliche seiner Lage mit derart objektivem Blick zu sezieren. Mit wachsendem Unbehagen verfolge ich den weiteren Bericht.

... die mit furchteinflößend schrillen Tönen umherschwirren. Zur weiteren Erkundung beschließen wir, ins Innere dieser brütenden Schlingwelt vorzudringen. Unsere seelische Verfasstheit ist den widrigen Umständen entsprechend aufgeraut. Dennoch erwarten wir zuversichtlich die Ankunft der anderen Rettungskapseln, doch bis dahin werden wir den Pionierplan A2 auf diesem Planeten einleiten. Das Ortungsgerät mit dem Peilsignal ist eingeschaltet. Morgen werden wir aufbrechen.

Ich lege den ersten Bericht aus der Hand. "Alles, was recht ist", breche ich das Schweigen im Raum, "der Mann hat stahlharte Nerven."

"Ja, das könnte man meinen", entgegnet der Oberst salomonisch, schüttet einen mächtigen Schluck Whisky die Kehle herunter und gießt sich mit tränenden Augen nach. Auf seine Stirn treten glänzende Schweißperlen. 'Was beunruhigt ihn so?', frage ich mich und nehme den zweiten Bogen in die Hand.

7. Juni 2478, weit weg von Zuhause

Diese Welt steckt voller Gefahren. Gestern überfiel uns aus dem Dickicht heraus eine Horde grauer, hyänenartiger Bestien mit dichtem Fell und fingerlangen Raubtierzähnen; mannshohe Scheusale. Sheila Stanton und Clark Fisher wurden, brutal zerrissen, zu ihrer Beute. Erst die Gegenwehr mit unseren Strahlenpistolen verscheuchte die blutrünstigen Räuber. Ein gutes Dutzend von ihnen blieb, als sie flüchteten, auf der Strecke. Der Schreck steckt mir noch tief in den Knochen. Ich bin müde und resigniert. Dieser Planet birgt zu viele qualvolle Tode. In der Nacht schützt uns das Feuer vor weiteren Attacken. Am Morgen saß ein Schwarm dunkel glänzender Aasvögel auf den Hyänenleichen.

Neben den Hyänenartigen müssen wir insbesondere auf die 'Fledermaushunde' achtgeben, die in hohen, verschlungenen Baumwipfeln hausen und sich mit einem fast schon kläffenden Geheul zu Dutzenden auf uns stürzen. Hinter den aufgerissenen Mäulern lauern winzige, rasiermesserscharfe Zähne. Sie sind nicht größer als Katzen, aber ihre Wildheit ist furchterre-

gend. Ihren Namen verdanken sie ihrem Aussehen: Sie gleiten auf nackten Häuten, die ihre Flanken umspannen vom Fingerglied bis zu den bekrallten Füßen. Zum Glück konnten wir den überraschenden Angriff dieser Flugunholde abwehren. Für Ben Floyd kam dennoch jede Hilfe zu spät. Seine Hauptschlagader war durchbissen worden. 57 Überlebende zählt unsere Gruppe. Nahe am Seeufer fielen die meisten von uns, als die Nacht sturzartig ihr schwarzes Gefieder über die entfernten Berge senkte, in einen todesähnlichen Erschöpfungsschlaf. Alle zwei Stunden ist Wachablösung. Die Verletzten erhielten am nächsten Morgen neue Verbände. Dave Cunningham starb in der Nacht an seinen Verletzungen. Wir bestatteten ihn und Floyd im weichen Ufersand. Die Lebensmittelrationen und ultrakonzentrierten Proteintuben reichen nach schärfster Rationierung nur noch für sieben Tage. Unsere Ausrüstung zählt 36 Handlaserwaffen, zwölf Leuchtraketen, zwei Arzneimittelkoffer sowie das Dekontaminierungsset für die Gewinnung von Trinkwasser. Leider sind die Funkapparate auf dem gesunkenen Schiff geblieben. So haben wir keine Möglichkeit, uns mit den anderen Kapseln in Verbindung zu setzen. Viele von uns glauben jedoch ohnehin nicht, dass es weitere Überlebende der Raumschiffsexplosion gegeben hat. Resignation breitet sich unter uns aus wie ein Krebsgeschwür. Glücklicherweise ist das Seewasser trinkbar, wenngleich es einen scheußlich faden Geschmack besitzt.

"Haben die Kreaturen auf dem Planeten sie letzten Endes dahingerafft?" Ich muss reden, sonst werde ich den Ziegelstein im Hals nicht los. In diesem Tagesbericht bricht O'Sullivan mit seinem bisher nüchternen Schreibstil und lässt menschliche Regungen erkennen. Aus den Zeilen meine ich die Wehen eines gnadenlosen Existenzkampfes herauszuhören, der auf unserem Mutterplaneten schon lange einer überwundenen Vergangenheit angehört.

"Ich möchte den Widerspruch nicht offenlegen", erwidert der Oberst bitter und scharfe Falten legen sich auf seine Stirn, "bis Sie wirklich alles bis zum letzten Blatt durchgelesen haben. Ihre Meinung als Ethiker der Raumfahrergilde bedeutet mir viel. Sie sollte aber unvoreingenommen sein. Erst nach Kenntnis der Fakten werde ich mein Schweigen brechen und Ihnen das letzte, verwirrende Mosaiksteinchen in diesem Drama enthüllen."

"Nun gut", gebe ich klein bei, "ich will auf Ihren Rat hören. Es ist nur ... ich bin ..."

"Ich kann Sie verstehen, mein Freund", lächelt er begütigend.

"O'Sullivans Widerstand und Wille sind erstaunlich robust, daran besteht kein Zweifel", hake ich nach, "auch angesichts von Gefahren, die jedes menschliche Maß übersteigen."

"Manchmal ist es gut, wenn die emotionale Fackel in uns erlischt. Manchmal zeugt diese innere Kälte jedoch von grausamer Selbstverstümmelung. Urteilen Sie jedoch nicht zu früh, lesen Sie erst zu Ende." Er schenkt sich ein weiteres Glas Whisky ein. Ein matter Glanz sticht aus seinen Augen. Was verbirgt er bloß vor mir? Ich greife zum nächsten Blatt.

Ich komme erst jetzt zum Schreiben. Die letzten Tage waren die Hölle. Die Dschungelwildnis spuckte die widerwärtigsten Kreaturen aus, die mein Auge je gesehen hat, Reptilien, groß wie ein Tausianischer Xeryll, mit scharfen Krallen und gierigen Augen. Es sind grausam mordende Geschöpfe, die uns unentwegt nachstellen, seit sie unsere Blutwitterung aufgenommen haben. 15 von uns sind ihnen bereits zum Opfer gefallen. Verzweiflung und hysterische Panik breiten sich unter den Überlebenden aus. Kaum ein Wort der Besonnenheit erreicht mehr ihre Vernunft. Angst verschließt die Ohren. Unsere Laserpistolen sind nahezu nutzlos gegen die Angreifer. Wir verbrauchen sehr viel Energie, um einen von ihnen zu töten. Nur ein Dauerbeschuss aus mehreren Pistolen macht diesen Monstren den Garaus. Eine eigentümlich konsistente Pigmentierung auf ihrer Schuppenhaut macht sie gegen den Einzelbeschuss nahezu unverwundbar. Seit gestern kampieren wir auf einem Felsplateau. Der Dschungel unter uns greift mit haarigen Spinnenbeinen nach uns. In einer Höhle fanden wir schließlich Zuflucht. Sie bietet ein gutes Versteck gegen die unzähligen Gefahren dieser Welt, und außerdem verfügt sie an der Decke in ausreichender Anzahl über notwendige Luftkanäle. So können wir gefahrlos ein Feuer entzünden, um uns vor dem bitterkalten Nachtfrost auf diesem Planeten zu schützen.

Den Höhleneingang konnten wir durch eine losgetretene Felslawine auf menschliches Format verjüngen. Und doch grassiert eine fürchterliche Angst unter uns. Unsere Hoffnung auf Rettung sinkt gegen null. Der ranghöchste Offizier Keith Byars muss all seine Autorität aufbieten, um den Ausbruch einer Hysterie zu verhindern. Keine leichte Aufgabe, denn sein militärisches Denken ist unter den gegebenen Umständen irgendwie ...

Das nächste Wort kann ich beim besten Willen nicht enträtseln. Vielleicht ist mit der hieroglyphisch geschändeten Kritzelei 'deplatziert' gemeint gewesen oder 'destruktiv'. Am Anfang noch schleichend und kaum merklich, hat sich inzwischen eine verschlungene, schicksalsschwere Traurigkeit in meine Gedanken eingenistet. Wäre ich in den Belangen der Empfindsamkeit, die Menschen für gewöhnlich auszeichnet, von Berufs wegen nicht hinreichend abgehärtet, der stumme, verzweiflungsvolle Schrei O'Sullivans, der aus den Zeilen immer wieder hervorzutreten scheint und quälend in meinen Geist dringt, hätte meinen Trotz gegen den Tränenfluss längst schon gebrochen. Hier schreibt ein Mensch seine innersten Qualen nieder. Auch fällt mir auf, dass der Text keine Datierung aufweist. Für die Einhaltung der Disziplin fehlte offenbar der nötige äußere Rahmen. Ich verstehe nun, warum der Oberst sein viertes Glas Whisky leert. Aber was hat er mir bis jetzt verschwiegen? Ein Mann mit seiner Kriegsvergangenheit bekommt doch keine weichen Knie wegen einiger bedauernswerter Menschenschicksale. Verstohlen werfe ich einen Blick auf den Oberst, der unverwandt mit melancholisch getrübten Augen die Whiskyflasche anstarrt, und nehme dann das nächste Blatt hervor.

Wenn draußen das wütende Gebrüll der Echsen donnert, schrumpft mein ganzer zivilisatorischer Stolz auf die Maße einer erbärmlichen Angst zusammen. Welchen Nutzen hat nun die Einschärfung von Disziplin und Ordnungstreue, wenn Todesahnungen von schrecklicher Ungewissheit Gewalt über die Gedanken gewinnen? Zusammengestaucht zu einem Häufchen Elend hocke ich in einer dunklen Nische, die Schultern vor Kälte eingezogen, der Blick von Furcht umschattet, und zittere wie ein armseliges Insekt, wie ein Wurm unter den Füßen eines grässlich lachenden Riesen, während die Nacht vom Gebell erwachter Alpträume, von röchelndem Tod und Schmerzensschreien zerrissen wird. Ich schlafe über meine Gedanken ein ...

Auf den nächsten Seiten gerät der chronologische Zusammenhang völlig aus dem Tritt. Verzweiflung spricht aus jedem zweiten Gedanken, der mich aus der Schrift klagend anblickt. Langsam beginne ich zu ahnen, was der Oberst gemeint hat, als er mir anvertraute: 'Diese kalte Logik hat etwas Morbides und ist doch nur der Schatten einer viel verhängnisvolleren Entwicklung.'

Betäubt von schlimmsten Ahnungen hole ich das nächste Blatt hervor und versenke mich in den rauen

Bericht, der von Zeile zu Zeile immer heftiger von einem tiefen Pessimismus gegeißelt wird, wo jeder Schlag das Leben trifft, Wunde um Wunde.

Unsere Situation ist bizarr. Zankereien beherrschen den Alltag. Das ganze Leben bekommt mehr und mehr den Charakter der Vergeudung. Der Wille, aus dem Elend herauszubrechen, ist längst erlahmt, müde und feige geworden und verkriecht sich unter dem Panzer einer Schicksalshaftigkeit. Langsam stiehlt sich ein Begreifen in mein Bewusstsein. Langsam erkenne ich die tiefe Sinnlosigkeit unseres Fortschritts und erschrecke über mich selbst. Nur dieser Stift in meinen Händen gibt mir noch Halt, erhält ein bisschen Menschlichkeit am Leben, die sich ansonsten mehr und mehr zurückzieht vor dem kalten Griff der Ausweglosigkeit, vor diesem nahen Verwandten des Todes. Jetzt, wo die Triebkraft in mir zur bloßen Tatenlosigkeit versiegt, sträube ich mich nicht mehr gegen die Unvermeidlichkeit, mich vollends dem Nichts hinzugeben. Auch die Jägertrupps, die noch vor Wochen bei mondlosen Nächten in die Wildnis schlichen, um kleinere Reptilien zu erlegen, wagen sich nicht mehr hinaus, seit wir Philipp fanden. Nächtelang bin ich aus meinen Träumen hochgeschreckt, seinen blutig zerrissenen Leib vor Augen. So ernähren wir uns von Wurzeln, Baumrinde und Beeren, die an blattlosen Gebirgssträuchern wachsen. Durst brauchen wir unterdessen nicht zu leiden. Aus einer nahegelegenen Quelle versorgen wir uns mit brackigem Wasser, das wir in zu Schläuchen umgefertigten Gedärmen zur Höhle schleppen. Die Hoffnung auf Ret-

tung ist jedoch vollends aus unserem Denken verschwunden. Entweder sind wir die einzigen Schiffbrüchigen der Explosion, die überlebt haben, oder den anderen geht es nicht besser als uns. Wenn die Mut- und Hilflosigkeit uns nicht bald vernichtet, wird es der Hunger tun. Gestern Abend machte sich Pierre mit einer Strahlenpistole auf den Weg, um ein wenig Nahrung zu beschaffen. Begleiten wollte ihn freilich keiner, aus Furcht. Heute Morgen kehrte er nicht wieder zurück. Marie hat sehr geweint.

Kalt fühlt sich unter meinen Händen das nächste Blatt an, so kalt, wie die darin abgefasste Botschaft von der Rückentwicklung des Menschen zu einem rein animalisch beherrschten Wesen. Wie viel Zeit zwischen dem letzten und diesem Bericht verstrichen ist, kann ich nur im Ungefähren schätzen. Jedenfalls sind sie nicht hungers gestorben, denn O'Sullivan kritzelte auf dem leblosen Stück Papier:

Es gibt eine Lebensform auf diesem Planeten, die sich in die Baumkronen hängt und von Blättern ernährt. Die Tiere sind nicht größer als Kaninchen und leicht zu erlegen. Wir müssen nur warten, bis sie satt und träge von den Bäumen herunterklettern. Aber sie scheiden ein widerwärtiges Sekret aus, wenn wir sie mit unseren Knüppeln erschlagen. Nicht der Abscheu vor der Tat erniedrigt mich; was meine Seele leiden lässt, rührt von etwas anderem her. Wir schlagen auf diese Kreaturen ein, auch wenn sie schon längst tot zu unseren Füßen liegen, wieder und wieder, bis sich etwas in uns erschöpft. Was macht dieser Planet aus uns? Wo soll dieser Wahnsinn nur enden? Was inspiriert auch mich zu diesen blutigen Freuden? Noch ist es nur ein dumpfes Gefühl, dass etwas Fremdes uns umschleicht, aber es kommt Tag für Tag näher und wird uns bald schon verschlingen. Wie diese Ahnung jedoch in mich kommt, weiß ich nicht.

Auch ich bin erschüttert von diesen Worten, von dieser Anhäufung primitiver Triebe, sinnloser Grausamkeit, von diesem argen Verlust an zivilisatorischer Ethik. O'Sullivans Hand muss beim Schreiben sehr gezittert haben, denn die folgenden Zeilen vermag ich beim besten Willen nicht mehr zu entziffern, und so werde ich wohl nie erfahren, was dieser stumme Aufschrei eines Verzagenden ausdrücken will. Und doch fühle ich, wie O'Sullivans Schmerz in mir nachhallt, seine Wunde und abgrundtiefe Frage: 'Wo soll dieser Wahnsinn nur enden?' Eine seltsame Verstörung ergreift von mir Besitz. Ohne Gewissheit sind Worte taub und blind. Möglicherweise hat er seinen Tod vorausgeahnt. Ich lese weiter.

Heute hielten wir eine Generalversammlung ab - ein klangvoller Name für eine grausame Absicht. Wir sind zusammengekommen, um Gericht zu halten über James Favre. Nach einem Streit hatte er gestern Abend Ben Samsin mit einem faustgroßen Stein erschlagen. Der erste Kainsmord auf diesem Planeten. In uns allen steckt ein Richter, und, was noch schlimmer ist, ein Henkersbeil regiert unsere Gedanken. Ich beobachte mich selbst dabei, wie etwas in mir nach

Vergeltung ruft. Ist es nicht seltsam, dass wir, am Ende unserer Kräfte, von mordenden Bestien in die Enge getrieben, plötzlich, wie in einem Heraufdämmern atavistischer Rachegelüste, von einem seltsamen Eifer befallen werden, nun, da es darum geht, einen Menschen abzuurteilen? Wie soll die Strafe aussehen? Ein aufgeregter Tumult entsteht. James, mit blutig geschundenem Gesicht, von unseren Fäusten traktiert, hockt am Boden, die Hände mit festem Tau gefesselt. Die lautesten Kehlen fordern sein Blut. Das Urteil ist gefällt. Beklemmende Stille breitet sich in der Höhle aus. Für jeden vernehmbar, beginnt James zu stöhnen, zu jammern und schließlich zu weinen. Für einen Moment berührt Mitleid unsere Seelen, doch dieses Gefühl ist zu flüchtig, zu bedeutungslos, um in unsere Herzen vorzudringen. Wir werden James den Gefahren der Nacht opfern, aber wir geben der Strafe einen humaneren Namen - wir nennen es Aussetzung.

Über meinen Verstand kriecht eine nervöse Befangenheit, so wie schleichender Nebel im Morgendämmer feucht und feindlich in die Kleidung dringt. Wehevolle Vorahnungen durchpflügen mein Gehirn, und auch der steife Nacken lässt mich leise aufstöhnen. Ich lege das Blatt beiseite und wende den Blick aufden Oberst.

Still liegt seine Gestalt im Sessel, scheinbar unbehelligt von den Gedanken, die ihm sichtbar im Kopfe kreisen, wie in enger Gefangenschaft, aber seine Lippen zittern leicht, murmeln Worte, leise wie ein Hauch, die ich nicht verstehen kann. An welchem

Punkt des Bedauerns mag er in seinen Überlegungen angekommen sein? Schließlich ist er an der Entwicklung des Projekts federführend beteiligt gewesen. Sein Blick ist getrübt. Und dennoch schreit aus seinen Augen eine Wahrheit, die mich gerade in ihrer Unausgesprochenheit ängstigt, ja, ich sehe, wie der stille Schmerz auf seinem Gesicht einen Krieg aller Zweifel gegen die Ethik lebenslanger Überzeugungen anzettelt. Und ich beginne zu ahnen, aus welcher dunklen Wiege sein seelischer Konflikt entspringt. So tief ist der Oberst im Sessel versunken, dass er gar nicht bemerkt, wie ich mich erhebe und zum kleinen Beistelltisch gehe. Nun ist es an mir, zur Whiskyflasche zu greifen. Ich räuspere mich vernehmlich.

Fast gleichgültig und mechanisch-ungelenk folgt mir sein Blick. Es scheint, als ob seine Augen um Tränen flehen. Ich merke wohl, dass es schlimm steht um sein Gemüt, schreibe es zum Teil jedoch dem fünften Glas Whisky zu, um das sich seine Finger krampfen. Offenbar quält ihn ein bodenloser Zweifel. Irgendwo in dieser von Heil- und Hoffnungslosigkeit geprägten Schrift liegt der Schlüssel zum Verständnis begraben.

"Herr Oberst", flüstere ich zu ihm herüber, denn ich möchte ihm nicht grob die Stütze seiner Grübeleien wegstoßen. Er macht eine rasche Handbewegung über sein Gesicht, so, als ob er etwas wegscheuchen will, und ein Schimmer von Leben fließt in seine Augen zurück.

"Ja?"

Wir tauschen einen flüchtigen Blick aus. "Sie waren in Gedanken versunken."

"Verzeihung", lispelt er verlegen und hebt benommen den Kopf. "Haben Sie zu Ende gelesen?"

"Noch nicht."

"Überkommt auch Sie beim Lesen eine alles übermannende Furcht?" Sein Gesicht wirkt trotz der fieberglänzenden Augen aschgrau.

"Ja", antworte ich, "auch ich spüre eine tiefe Kluft in mir, so etwas wie Vereinsamung, seltsam, nicht wahr?"

"Seit mehreren Jahrhunderten schicken wir unsere besten Leute zu den Sternen hinauf, um die letzten Geheimnisse des Universums zu enträtseln, Frauen und Männer, die das Wissen unzähliger Generationen zusammengetragen haben. Das Projekt 'Sternenkind' sollte Potentiale aufdecken, die uns auf der Erde bisher verschlossen geblieben sind. Wir hofften, im luftleeren Raum endlich zur unverfälschten Kraft des Lebens vorstoßen zu können. Und wozu nun dieser Fortschritt, wenn er beim Verlust des vertrauten Bodens derart aus der Balance gerät? Fortschritt?" Seine Stirn ist grüblerisch zerfurcht. Einige Augenblicke schweigt er tief in sich hinein, dann scheint er den verlorenen Faden wiedergefunden zu haben, und ich höre ihn sagen: "Ein hoher Name für die Winzigkeit unserer Position! Dort, zwischen dem pulsierenden Feuer der Sterne und dem weit aufgesperrten Rachen der Finsternis scheint O'Sullivan auf einen grausamen Irrtum gestoßen zu sein. Vielleicht begriff er, dass es keinen Unterschied gibt zwischen Willkür und Wahn", sinniert der Oberst, mehr zu sich selbst als zu mir gewandt.

"War dies die Wurzel seines Scheiterns?", frage ich leise.

"Sie irren nicht, mein Freund." Seine Blicke wandern in meine Richtung, aber sie erreichen mein Gesicht nicht, scheinen durch mich hindurchzugehen, den Raum zu durchqueren hinter mir und über alle Wände und Barrieren hinweg auf einen entfernten Punkt im Universum zuzustreben, will ich mir einreden, denn sein Blick wirkt strenggenommen leer und gläsern, keineswegs uferlos. Dann wirft sich seine Stimme plötzlich wie ein Vampir auf die Stille zwischen uns. "O'Sullivans Sterben war nur das Vorspiel zu einem ungleich schrecklicheren Ende. Was haben wir zwischen den Sternen wiederentdeckt, das wir auf der Erde bis zur Unkenntlichkeit verdrängt haben? Lesen Sie, mein Freund, lesen Sie, ich bitte Sie darum, sonst werden Sie den Widerspruch, der mich zutiefst spaltet, nicht in seiner vollen Tragweite verstehen."

Ich fürchte mich unwillkürlich vor den drohend ins Ungeheuere ausgreifenden Konsequenzen, die sich aus den Erinnerungen eines Toten für mein eigenes

Leben ergeben; und nicht minder erfüllt mich Scham vor der Nacktheit einer Seele, die sich mir in ihrem Empfindlichsten offenbart. Nur mit Widerwillen kehre ich zu den Papieren zurück.

Ohne Nimrod wären wir alle längst tot. Noch immer will ich nicht glauben, was sich in jener Nacht zugetragen hat. Nimrod ist ein Außenseiter. Nie fiel er bisher besonders auf, stets hielt er sich im Hintergrund, und doch, so viel Mut wie er trägt keiner im Leibe. Seit geraumer Zeit begleiten ihn zwei Männer und drei Frauen. Irgendeine Art von Verwandtschaft, die zu begreifen mir der Funke zum Verstehen fehlt, eint ihre Wege. Bis zu jener Nacht hatte ich mir nie ernsthaft Gedanken darüber gemacht. Auch kannte ich Nimrod nicht persönlich von der Aldabaran her. Überhaupt kann ich mich nicht daran erinnern, ihn unter den Überlebenden des ersten Tages gesehen zu haben. Aber die Ereignisse hatten sich damals wie in einem Wirbel überschlagen, zu mannigfaltig waren die Gefahren gewesen, und so mag es gut und gerne angehen, dass ich sein markantes Gesicht und seine kräftige, hochgewachsene Gestalt schlechterdings übersehen habe.

Aber nun zurück zu jener Nacht, als sich ein Stachel beispiellos tief in meine Hirnwindungen bohrte. Ich schlief, als mir der gellende Ruf der Wache in die Ohren drang und mich aus netzartigen Träumen riss. Völlig verschreckt sprang ich auf und lief schlaftaumelnd und orientierungslos durch die Höhle. Um mich herum herrschte wildes Durcheinander. Ein furchtbares Brüllen schlug mir vom Höhleneingang entgegen und ein bestialischer Geruch mischte sich in meine Atemzüge. Dann sah ich, wie ein gewaltiger Bär mit seinen Tatzen gegen den engen Höhleneingang schlug und sich hindurchzuzwängen versuchte. Wir schleuderten Steine und brennende Scheite auf das haarige Ungeheuer, in der trüben Hoffnung, es mit diesem Schabernack vertreiben zu können. Plötzlich surrten die Laser und es stank Brechreiz erregend nach verbranntem Fleisch. Die Bestie brüllte in ihrem Schmerz wie wahnsinnig auf, und doch gelang es ihr, in die Höhle einzudringen. Von Sinnen flohen wir tiefer in den Höhlenraum hinein. Ich stolperte bei der hastigen Flucht jedoch über einen Stein und stieß mit dem Kopf gegen eine Felskante. Halb ohnmächtig rollte ich mich in eine dunkle Ecke. Dort verharrte ich zu Tode gelähmt. Das tanzende Feuer warf bizarre Schatten auf die Felswände. In mir pochte nur noch ein Gedanke: Jetzt ist alles aus. In den Todeslärm schrillen Wimmerns und Weinens mischte sich plötzlich eine unbeschreibliche Wut, und aus halbgeöffneten Augen erkannte ich Nimrod, der sich dem Monstrum furchtlos in den Weg stellte. Und ich sah, wie das sich eben noch verrückt gebärdende Raubtier, von einer diabolischen Furcht ergriffen, mit einem Mal davonhetzte und durch den Durchschlupf sprang. Ehe ich das Bewusstsein verlor, hörte ich noch den Aufprall von einem tonnenschweren Gewicht draußen, jenseits der Höhle. Ein Bild nahm ich jedoch mit in die Dunkelheit: Als Nimrod sich dem riesigen Bären entgegenwarf, waren seine Hände ... leer!

Fast wäre ich beim Lesen ins Stolpern geraten. Was geht hier vor, frage ich mich und spüre, wie der Oberst mir einen bedeutungsvollen Blick zuwirft, als ahne er, welches Gespenst mir plötzlich durch die Gedanken geht. Mühsam, mit errötetem Gesicht erhebt er sich aus dem Sessel, schenkt mir schweigend einen Schluck Whisky nach und lässt sich wieder betäubt in die weichen Polster zurückfallen. Ich habe noch vier Seiten zu lesen, also beeile ich mich, wie von einem Fieber getrieben.

Ich wurde wachgerüttelt. Draußen stieß die Morgensonne durch die grauen Wolken. Ich wankte hoch, während um mich herum ein wildes Gedränge und Gehüpfe tobte. In beinah kindlicher Ausgelassenheit fielen sich die anderen in die Arme. Alle weinten vor Glück und entluden ihren Schmerz in Verwünschungen und Dankgebeten. Auch ich wurde mitgerissen von dieser taumelnden Euphorie, und so fand ich nicht die Zeit, das Wundersame unserer Rettung mit dem Widersprüchlichen meiner letzten Wahrnehmung, bevor ich in der Nacht das Bewusstsein verlor, in Kontrast zu setzen. Wie Verhungernde stürzten wir schließlich ins Freie und machten uns über den Kadaver des Bären her, zerschnitten sein Fleisch, warfen es ins Feuer und schlangen den Braten in kalter Gier herunter. Was wir dann taten, verhülle das Schweigen.

Halb fassungslos, halb angewidert starre ich auf die letzte Zeile. Rasch zünde ich mir eine Zigarette an, und durch den Rauch hindurch spähen meine Augen zurück in die verflossene Vergangenheit des Berichts, ehe ich das nächste Blatt ergreife.

Zwei Tage musste ich mich in Geduld üben, bis Nimrod die Nachtwache hielt. Schlaflos wartete ich auf meinem mit Laub und Moos aufgeschütteten Lager auf die gleichmäßig tiefen Atemzüge der anderen, ehe ich mich leise erhob und zu Nimrod ging. Heftig quälte mich eine Handvoll Fragen, und mehr als einmal zweifelte ich an der Rechtmäßigkeit dessen, was ich in jenem kurzen, halb ohnmächtigen Augenblick gesehen zu haben glaubte. Natürlich musste es eine simple Erklärung für das scheinbar Unmögliche geben, redete ich mir geschwätzig ein. Also trat ich vor Nimrod, mit dem ich zuvor niemals ein Wort gewechselt hatte. Er aber zeigte sich nicht im Geringsten überrascht, fast so, als hätte er mit meinem Kommen gerechnet, und wies mit der offenen Hand einladend auf einen Platz zu seiner Rechten. Nachdem er schweigend einige Holzscheite in die Flammen gelegt hatte, wandte er mir sein scharfgeschnittenes Gesicht zu, die Augen im Widerschein des Feuers wie Rubine funkelnd, und sprach mit tiefer, fesselnder Stimme: "Warum kommst du mit einem verkrampften Lächeln? Sprich offen!"

Sein entwaffnender Ernst traf mich wie eine Keule. Ich musste wohl eine vorwurfsvolle Maske auf meinem Gesicht getragen haben. Was Wunder, wenn man den Anlass meines Kommens bedachte. Etwas war im Augenblick verborgen, entzweite Herz und Verstand, zu ungewiss, als dass ich es hätte greifen können, und doch lag es zwischen mir und Nimrod ausgestreut wie das rätselhafte Beieinander von Erscheinung und Trug, dieses Gefühl, einem lang verschollenen Geheimnis nahegekommen zu sein.

Mein Unbehagen fiel verwelkt von mir ab, als er mir ein argloses Lächeln schenkte. Sonderbar befreit war plötzlich mein Geist und unbeschwert. Ich gebe nun das Gespräch wieder, wie es sich in meinem Gedächtnis erhalten hat. Was ich vergaß, bedurfte des Erinnerns nicht; es muss nebensächlich gewesen sein.

"Seit jener Nacht suche ich eine Gelegenheit, ungestört mit dir reden zu können, frei vom Lauschen fremder Ohren", hob ich meine Rede an.

"Ja", erwiderte er, "die Einsamkeit eines stillen Entschlusses ist stets der erste Schritt."

"Ich will nicht lange um den heißen Brei herumreden, Nimrod. Ich sah dich am Höhleneingang. Leugne es nicht ab. Ich habe der Angst zu häufig ins Auge gesehen, um mich irren zu können. Ich weiß, wie sie riecht, kenne ihre blasse Farbe und ihr ersticktes Röcheln, doch als du in höchster Gefahr dem mordgierigen Ungeheuer in den Weg tratest, war keine Furcht in dir; aber das ist es nicht, weswegen ich zu dir komme."

"Sprich dich aus, ich höre zu." Seine Worte kamen ruhig und gelassen.

"Du standest dem Bären waffenlos gegenüber. Ich habe seinen Leichnam gesehen. Er trug keine ernsthafte Schussver-

letzung davon. Sein Herz blieb einfach stehen. Es klingt zwar wie das Gerede eines Narren, ich weiß, aber er starb allein durch deinen Anblick. Wer bist du, ... Nimrod?"

Endlich war aus mir heraus, was ich an Zweifeln so schrecklich lange mit mir herumgetragen hatte.

"Ein Wanderer, so fern von deinem vertrauten Bewusstsein, dass noch der ehrgeizigste Gedanke zu schwach wäre, mein Geheimnis zu fassen."

"Du bist ...?", stotterte ich hervor.

"Kein Mensch deiner Art, nicht einmal entfernt mit dem Leben verwandt, zu dem du dich zugehörig fühlst. All dein Verstand wäre nicht imstande, mich und meine Reise auch nur im Entferntesten zu begreifen. Denn trotz des langen Schattens, den eure Menschheit über die Sterne warf, seid ihr zu jung, um einen Gedanken an mich zu haben."

"Oh Gott!", rief ich aus.

"Schicksal, nicht wahr, so nennt ihr die Furcht, wenn ihr sie vergöttert."

"Was - willst - du?" Es fiel mir schwer, die Worte auszusprechen. Der Gedanke an seine Fremdartigkeit schien meine Zunge zu lähmen.

"Von euch? - Nichts!", erwiderte er kalt im Tonfall einer letztgültigen Antwort.

"Und weshalb kamst du?" Ich konnte seinem Blick nicht länger standhalten und schaute weg ins lodernde Feuer.

"Weil euer Zufall meine Wege kreuzte, und da sah ich eure im All treibende Nussschale, und ich wusste, dass das Nichts bereits mit den Zähnen nach euch schnappte. Und in diesem fliehenden Augenblick kam eine Erinnerung über mich. Auch ich war einst ein Staubkorn in der Öde ausgedörrter Wüsten gewesen. Da euer Gefährt mit vernichtendem Kollisionskurs auf den Planeten zuraste, wo ich mich gerade von meiner Reise ausruhte, hemmte ich seinen Sturz."

"Du warst es, der die Kapsel abbremste?", fragte ich ungläubig.

"Dazu bedurfte es nur eines Augenblinzelns."

Seltsam, aber ich glaubte ihm, obwohl meine Ratio gegen jedes seiner Worte Sturm lief. Ich erinnerte mich an meine Ahnungen, die mich bis in die Träume verfolgten. "Ich hatte mich also nicht getäuscht, schon seit langem spüre ich die Anwesenheit von etwas Fremden. Nur hielt ich es für zu abwegig, um an eine andere Existenzform zu glauben."

"Nein, nicht mich spürtest du. Der Schatten, der dich bedrängt, kommt nicht von mir", ließ er meinen Einwand ins Leere laufen.

"Du rettetest uns, gut, aber warum halfst du uns nicht aus unserer Not und sahst stattdessen teilnahmslos zu, wie der Tod uns zur Beute machte? Warum hast du angesichts der Fülle deiner Macht nicht den Sturz der Kapsel in den See, den Überfall der Bestien, die uns aus dem Hinterhalt zerfleischten, verhindert?" Ich redete mich immer mehr in Rage, gepeitscht von einer Wut, deren Anlass nichts weiter als eine kleinmütige, ja fast schon frivole Anschuldigung war, als ob sich ein Insekt darüber beklagt, von einem Vogel gefressen zu werden. In dem Moment jedoch verstieg und verstolperte sich meine Unvernunft in den blindesten aller Vorwürfe, als ich ihm entgegenschleuderte: "Schlägt in deiner Brust ein so empfindungslos kaltes Herz, dass du uns der Hölle geopfert hast durch dein unverzeihliches Zögern? Gib mir Antwort darauf!"

Sein Blick ruhte auf mir wie eine Feder, wie das sanfte Schelten eines Vaters gegen sein ungezogenes Kind, dass all mein wuthaftes Aufbegehren und die aus Uneinsichtigkeit herausgequälte Trotzigkeit meiner scharfen Worte in sich zusammenstürzten wie ein vom Blitzstrahl getroffenes Kartenhaus. Nimrod schien meine Anklage nicht im Geringsten zu bekümmern, aber seine Antwort war in ihrer Rätselhaftigkeit dennoch aufwühlender, als wenn er sich brüskiert von mir abgewandt hätte.

"Wie nachlässig du deine Frage stellst, Mensch, der sich so an den Irrtum gewöhnt hat. Wunderst du dich nicht, dass ich ausgerechnet in dieser von Schmerz und Qualen zusammengeleimten Hülle unter euch getreten bin? Spinnt sich nicht ein Zweifel um deinen *ach so raschen Vorwurf? Was euch an Grausamkeit auf diesem Planeten widerfuhr, war euer Widerstand, war das Werk eurer aufgehetzten Leidenschaft gegen mich."*

Ein Schatten von Spott glitt über mein Gesicht. "Gegen dich opponiert? Wie das, wenn du dich uns nie offenbart hast?"

"Ich war unter euch und ihr habt nicht auf mich gehört!"

"Ich erinnere mich nicht!", widersprach ich heftig.

"Weil das Vergessen der Hüter deiner Ohren ist. Ich redete lange umsonst."

Seine Worte irritierten mich, aber jetzt besann ich mich darauf, dass ich mich während unserer Tage der Flucht tatsächlich nicht an sein Gesicht erinnern konnte. Erst, als ich ihn schutzlos in der Höhle vor dem Bären sah, schenkte ich ihm Beachtung.

"Du warst seit dem Sturz der Kapsel bei uns?", fragte ich daher verunsichert.

"Wie sagt ihr Menschen doch dazu - in Gedanken. Und doch war ich dir näher als das Schlagen deines Herzens gegen die Rippen."

"Und bist jetzt leibhaftig unter uns?" Meine Frage ergab keinen Sinn, war die Antwort doch offensichtlich,

denn saß er nicht vor mir, kaum eine Armeslänge entfernt, jedenfalls so nah, dass ich seinen Atem hören konnte?

"Einige unter euch verließen die Pfade des Feuers und wirbelten aus dem Wasser, das ihr seid, den Geist hervor, der ich zuweilen bin. Um dieser Verwandtschaft willen trieb ich die Wirklichkeit zurück und kam zu euch."

Seine Erwiderung war für mich so befremdlich und unfassbar, dass es mich bis ins Gebein schwindelte. Um Abstand zu seinen Worten zu gewinnen, griff ich in eine wurmstichige Truhe hinein, gefüllt mit nichts als alten Zöpfen und geborgten Weisheiten von der Schulbank.

"Ich bin Atheist und glaube auch an den Teufel nicht. Der Tod ist die Grenze meiner medizinischen Kunst. Außerhalb dieses kartesianischen Weltbildes gibt es nichts."

Er lächelte milde. "Was seid ihr Menschen nur so klein, dass ihr euch vor jedem Kieselstein zu euren Füßen niederkniet. Höre und verstehe: Der Weg zu dieser Höhle war eure Wanderschaft zu mir, doch die, welche zauderten, wählten den Weg zurück, starben und fielen in den Abgrund der Nacht, wo nur Skorpione hausen. Welch tragischer Sieg, mir in diese kalte Region entkommen zu sein. Der Tod hat einen rauen Atem, aber der eigentliche Feind steckt in euch selbst. So ist das Leben bloß ein verirrter Im-

puls der Nerven. Besinne dich, denn ich muss bald weiterziehen."

Sprachlos und lange starrte ich ihn an, ehe ich mich auf eine alberne Frage besann: "Gehst du allein?" Ich kannte die Antwort.

"Nein, fünf von euch werden mich begleiten. Kommst du mit?"

Als der Morgen seine Sonnenstrahlen in die dunkle Höhle schickte, saß ich allein am Lagerfeuer, das schon vor Stunden niedergebrannt war. Nimrod war gegangen. ... Wie ich jetzt über dem Blatt Papier hocke und über die vergangene Nacht nachdenke, bricht immer wieder ein Gedanke zu mir durch. Ja, ich bin einer von denen, die mit den Toten wandeln. Mir wird kalt. Und wieder spüre ich diesen fremden Atem mich anhauchen. Ganz nah schleicht er wie ein Frösteln über meine Haut, berührt mein Herz, und ich weiß, dass die Welt bald schon aus meinem Blick verschwinden wird."

Mit einem inneren Grauen lege ich das letzte Blatt aus O'Sullivans Vermächtnis auf den Tisch zurück und blicke den Oberst resigniert an. Mit einem Kopfnicken bedeute ich ihm, dass ich mit dem Lesen zu Ende bin.

"Nun, ich habe Ihnen doch erzählt, dass man die Kapsel auf einem Planeten fand", höre ich seine Stimme wie von Ferne heranrauschen.

"Ja", antworte ich scheu.

"Wie soll ich es sagen, der Planet ist eine einzige Wüste, unwirtlich, ohne Vegetation, ohne Leben." Seine Hand vollzieht einen Strich durch die Luft.

"Aber ..." Mehr kommt nicht aus meiner Kehle.

"Alle, die sich vor der Explosion in die Kapsel retten konnten, waren auf dem Planeten erstickt."

"Kein See, keine Höhle?" Ich starre den Oberst entgeistert an.

"Nur eine tote Leere."

Seine Worte haben etwas Endgültiges und treffen mich vernichtend ins Mark, und doch weigert sich mein Verstand mit beharrlichem Trotz, die Erklärung aus seinem Munde anzuerkennen. Sie widerspricht in allem dem Bericht des Bordarztes. Dann, mit einem Mal, fällt es mir wie Schuppen von den Augen. "Dann war das, was O'Sullivan auf dem Planeten erlebt hat, nur seinem Hirn entsprungen. Er schrieb es im Delirium!", schreie ich sonderbar befreit auf.

"Es gibt noch einen weiteren Widerspruch." Der Oberst nestelt an seinem Kragen herum, als würde ihm die Luft zum Atmen fehlen.

"Ja?", hauche ich.

"Die Instrumente in der Kapsel hatten 78 Leute registriert."

□□□

"Und?" Ich zucke gleichgültig die Achseln.

"In der Kapsel fanden wir jedoch nur 73 Leichen."

Ich lächle leicht amüsiert und erwidere mit stoischem Hochmut: "Dann sind die übrigen eben mit ihren Raumanzügen in die Wüste gegangen."

"Beim Absturz fiel die Kapsel auf die Schleusentür. Niemand hätte die Kapsel verlassen können. Um dennoch sicher zu sein, durchkämmten wir den Planeten, fanden jedoch keine Spur von ihnen."

"Vielleicht hat die Wüste sie verschluckt?", wage ich einzuwenden.

"Mag sein." Der Oberst richtet sich im Sessel auf. "Aber einmal angenommen, das Ganze hätte sich tatsächlich so abgespielt, wie es O'Sullivan beschrieben hat, dass Nimrod also wirklich kam und ihnen einen Pfad aus dem Tod heraus wies, weil sie zufällig seine Wege gekreuzt hatten. Wie hätten Sie anstelle von O'Sullivan entschieden? Wären Sie mit ihm gegangen und hätten alles zurückgelassen, womit Sie sich als Mensch identifizieren?"

Das ist also die eigentliche Frage, die wie ein Alpdruck die ganze Zeit auf seinen Gedanken gelastet hat. Ich schließe die Augen. Ich bin bereit, das Ätherische dieser Frage durch die Poren meines Geistes auf mich einwirken zu lassen, bis sich ein Spuk um meine Synapsen spannt und meine Nerven mit Taubheit schlägt. Minutenlang, will mir scheinen, denn jedes Zeitgefühl ist in mir erloschen, wäge ich die Antwort akribisch ab, dann habe ich mich zu einem Entschluss durchgerungen. Als ich die Lider aufschlage, starrt mich der Oberst mit bangen, erwartungsvollen Augen an. Ich weiß, dass von meinen nächsten Worten die Fortdauer einer ganzen Welt abhängt, zumindest für die beiden Personen hier im Raum, und in die Flüchtigkeit des Moments stiehlt sich mit einem Mal eine minimale Verunsicherung, und ein Blitz des Erinnerns hebt, schillernd in allen Regenbogenfarben, alles, was ich in meinem Leben erreicht habe, vor mein inneres Auge.

"Wer weiß?", antworte ich ausweichend.

"Ja, wer weiß?", wiederholt der Oberst meine Worte.

Und ein verirrter Sonnenstrahl bricht sich auf der leeren Whiskyflasche.

Verlorene Seele im Nebel

Wie ein wiederkehrender Meilenstein am Wegesrand kreisen seine Gedanken immerfort nur um die eine Sorge: Zuhause liegt sein Kind mit hohem Fieber auf einem schweißnassen Laken und benötigt auf Leben und Tod die Hilfe des Arztes, sieben Meilen flussaufwärts hinter der weißen Illusion aus dichtem schleichenden Nebel.

Jan Pritschen hört, wie das Echo seiner Schritte auf dem Kiesweg dumpf nach allen Seiten versprengt, ihm die Orientierung raubt, seine Sinne verwirrt. Sein Auge ist blind geworden, er sieht außer den wirbelnden, weißen Schleiern nur die vage Hoffnung irgendwo dort in der Ferne aufschimmern, die Rettung verheißt, wenn er sich beeilt, rechtzeitig zurückkehrt mit dem Arzt an seiner Seite, sofern er sich nicht selber rettungslos verirrt hat in dieser Wildnis, seit er aufgebrochen ist vor Stunden.

Aufs Geratewohl wählt er die Richtung und lässt sich von seinen Gefühlen leiten, von denen er weiß, dass sie der denkbar schlechteste Kompass sind in seiner Verzweiflung.

Im Geiste sieht er seinen Jungen unter der Bettdecke hervorstöhnen, das Gesicht von glitzernden Schweißperlen bedeckt, die Lippen blass und zittrig, jeder Atemzug kommt gepresst, als ob der Tod bereits die Hand auf seine Stirn gelegt hat, eine knöcherne Hand, gefühllos, kalt, schwer wie ein Grabstein und ebenso unerbittlich. Daneben, auf dem Stuhl, blicken ihm noch im Fortgehen die von Tränen geröteten Augen seiner Frau an, ein stummes Flehen spricht aus ihnen, lauter als ein Schrei, doch nicht so laut wie die Stimme jetzt in seinem Kopf, die ihm immer wieder höhnisch zuruft: 'Jan Pritschen, kehr heim, dein Junge ist längst von dir gegangen, kehr heim.'

Er spürt nicht, wie sich Dornenbüsche an seinen Hosenbeinen verkrallen, spürt auch nicht den Schmerz der blutigen Striemen, die sie auf seiner Haut hinterlassen. Er eilt vorbei an dicken, moosigen Stämmen, vorbei an Geräuschen, die seufzen und stöhnen, eilt vorbei an den perlenden Stimmen von Bächen, dann wieder erhebt sich die Furcht in ihm zu neuer Gewalt, und er hört über sich knisterndes Geäst wie fern verhallende Totenglocken.

Die kühle Witterung zieht die Feuchtigkeit aus der Erde, treibt ein Spiel mit Wirbeln und sanften Kreisen um hervorstechende Äste und dünnes Gezweig. Pfützen spritzen unter seinem Schuhwerk auf, durchnässen die Strümpfe und Hosenbeine, aber Jan Pritschen bemerkt es nicht. Er sieht immer nur den Nebel vor sich, eine in Weiß getauchte, endlose, unersättliche Welt aus feinen, ätherischen Wassertropfen, während in seinem Kopf nur die eine quälende Sorge wütet.

Irgendwo vor ihm zerfließen die flüchtigen, schimmernden Schwaden und lassen etwas Gräuliches aus den Nebeln zu ihm zurückwinken. 'Sind das endlich die ersten Lichter der Stadt?', frohlockt sein Herz, doch als er nähertritt, verstummt seine Hoffnung im matten Glanz einer morschen Birkenrinde.

Und wieder wirft die Unruhe trügerische Bilder vor sein phantasierendes Auge. Für qualvolle Momente glaubt er, die vertrauten, nun unheilverkündenden Konturen seiner Hütte vor sich auftauchen zu sehen, dass er am liebsten laut aufschreien möchte vor Pein. Wie Irrsinn klebt diese Furcht an seinem Verstand, nur im Kreise herumgeirrt zu sein, um dann mit leeren Händen an seine eigene Tür zu klopfen.

Er schüttelt benommen den Kopf, weint, beinah hemmungslos, und sieht sich in Gedanken ans Bett seines Sohnes treten mit dem kalt gewordenen Leichnam darin, und ihm fröstelt vor grimmigem Zorn, dass er seinem einzigen Kind in der Stunde höchster Not kein besserer Vater sein konnte. Er blickt hinab auf das wie friedlich schlafende Gesichtchen, auf die lockige Haarpracht, die schmale Nase, auf die im Erblühen plötzlich erstarrten Lippen, die er tausendmal geküsst hat. Ängstlich weicht er vor diesem schaurigen Bild zurück und ein Grauen gräbt sich tief in seine Züge. Mit fassungslosem Schrecken muss er erblicken, wie blaue Flammen langsam aufzüngelnd aus seinem toten Kind hervorbrechen, wie ein Feuersalamander über die geschlossenen Lider auf und davon springt, wie die Wimpern sich zu dünnen Rauchfäden kräuseln, sieht, wie eine gleißende, grelle, gewaltsame Lohe über seinen Sohn hinwegfegt.

'Verschlingt so der Tod', fragt sich Jan Pritschen, 'seine Beute, wenn man es mit den Augen des Wahnsinns betrachtet?' Noch immer gefangen in diesem irrationalen Wachtraum dreht er den Kopf zur Seite, sieht seine Frau, blickt hinein in ein vor Kummer zermartertes Gesicht, auf dem sich ein unstillbarer Vorwurf windet, und als sich ihr Mund öffnet, explodieren die ausgehauchten Worte an der Luft zu flammenden Lanzenspitzen, eins nach dem anderen, gleich einer Feuergarbe, die sich ihren Weg bahnt vernichtend in sein wehrloses Herz. Auch ihre Gestalt geht schließlich in Flammen auf.

"Nein, nein!", ruft er laut aus und zwingt die Besonnenheit wieder in seine Gedanken zurück, "das sind nur Spukgesichter meiner Angst."

Weißlich schillernder Dunst verwischt die schrecklichen Trugbilder. Auf seinen Wangen trocknet eine dünne Flüssigkeit, verrinnt zur Blässe einer Tränenspur.

'So muss das gefährliche Fieber auch mich befallen haben', sagt sich Jan Pritschen, 'ich kann ja kaum noch klar denken.'

Der Nebel vor ihm verdichtet sich zum Grinsen einer alten Vettel, Fratze hinter Fratze in einer endlos sich wiederholenden Folge, und dahinter, wenn er lange genug hinschaut und dem Grauen standhält: die blinden Augen der Schicksalsgöttin, immerzu im stillen Gebet versunken. 'Was nur verbirgt der Nebel vor mir?', fragt sich Jan Pritschen, 'und warum werde ich den Gedanken nicht los, dass das, was ich als Rettung ersehne, nur etwas unbetrauert Totes ist, morsch geworden wie ein in die Gegenwart geworfenes Bündel nicht sterben wollender Erinnerungen; warum nur habe ich das Gefühl, vor mir selbst zu fliehen? Können denn sieben Meilen so weit sein wie die Verdammnis einer ganzen Ewigkeit?'

So folgt er der weichen Krümmung der Nebel ins Ungewisse hinein, wo alles ein helles Antlitz trägt, mondgesichtig blass, fleckenlos, undurchdringlich in seiner weißen Farbe und schimmernd wie ein in Unschuld geborenes Gewissen, das noch nichts weiß von der Welt und ihren todbringenden Fieberattacken. Tor um Tor öffnet sich seinen Schritten, aber die Korridore, durch die er schreitet, behalten ihre blendende Kraft bei, sie schwinden nicht in dunkle Nischen zurück, kennen keine Orte von menschlicher Behausung.

Ein Durcheinander von Gestalten mischt sich in seine Gedanken, Tausende von Stimmen, die in einem grässlichen Chor auf ihn eindringen und seine eigenen, um Hilfe flehenden Worte in einer lärmenden Kakophonie überrollen. Entlang wogender Schatten von flüchtiger Dauer, durch die immer wieder Nebel um Nebel schleichen, setzt er seinen Weg fort, unterbrochen von kurzen Phasen des Aufschreckens und Stolperns über Steine und kleinwüchsiges Gestrüpp. Selbst ist er schon zu einem Nebel aus weißen Linnen geworden.

Da plötzlich verwehen die Nebel vor ihm und öffnen sich in die steinerne Kulisse einer schlafenden Stadt. Wie ein Wesen, das fast aufgehört hat, die Eindrücke des Auges und ihre Bedeutung für die eigenen Ziele zu bestimmen, schleppen ihn seine Füße taub und gefühllos vor ein Haus mit einem Spitzdach aus hölzernen Schindeln.

Seine Faust hämmert gegen die Tür, wild und verzweifelt, doch es vergeht eine lange Zeit, bis sie endlich aufgeht und hinter der Türfüllung die hagere Gestalt von Doktor Bernstein nach vorne tritt.

Jan Pritschens Atem jagt der eigenen Stimme hinterher, so aufgeregt sprudeln die Worte aus seiner Kehle heraus, dass sie in ihrer Gehetztheit ganz dünn und unkenntlich werden wie das Zittern einer fieberkranken Seele.

Jan Pritschen wundert sich. Er bemerkt im Gesicht des andern eine unerträgliche Ruhe und Gelassenheit, fast meint er, aufflackerndes Mitleid zu erblicken.

"Mein Sohn, Herr Doktor, ich bitte Sie, beeilen Sie sich, er liegt im Sterben, Fieber ... "

Der Arzt unterbricht ihn mit einer knappen Handbewegung. "Gehen wir zum Pfarrer, vielleicht weiß er Rat."

"Aber, mein Sohn ... ", doch da hat ihn der Arzt bereits am Arm gepackt und zieht ihn hinter sich her durch leere, kaum beleuchtete Straßen, Schritt um Schritt, an Hecken entlang, die im Mondlicht schwarz aufglänzen. Eine sternenvolle Nacht spiegelt sich in allem wider, auf den Steinen der Gehwege, den aufragenden Wegweisern, in den Scheiben der Fenster in Häusern ohne Regung und Licht.

"Arme Seele, von allem Trost der Welt geschieden", begrüßt ihn der Pfarrer, nachdem dieser aus dem Kirchenportal ins Freie getreten ist. Jan Pritschen legt ein kurzes Lächeln auf seine Lippen.

Alle drei betreten daraufhin den Friedhof, umgrenzt von einer hohen Steinmauer, aus der dünne Halme von Gräsern sprießen. Der Arzt trottet mit einem kleinen Abstand hinter ihnen her. Jan Pritschen fühlt eine schwarze Wolke der Furcht sich über ihn ergießen. Seine Lippen zittern nervös.

"Stundenlang bin ich durch den Nebel gewandert, Herr Pfarrer", keucht er unruhig hervor.

"Ja, mein Sohn, Gott verzeiht denen, die sich selber nicht verzeihen können. Vergebung war das erste Wort."

"Ich glaube, meine Frau hat auch das Fieber, aber wenn ich rechtzeitig zurückkomme ... "

Sie bleiben stehen vor zwei Gräbern mit einem großen und einem kleinen Grabstein dahinter, und Jan Pritschen verstummt jäh. Die Blumen auf der aufgeschütteten Erde sind lange schon verwelkt.

"Erinnerst du dich, Jan Pritschen?" Die Stimme des Pfarrers ist streng, aber auch von Mitgefühl für die arme Kreatur getragen.

Jan Pritschen wendet den Kopf zur Seite und schluchzt bitterlich. Tiefer Schmerz aus einer nie gestillten Wunde fließt in einem Strom von Tränen aus seinen Augen. Er vergräbt das Gesicht in den zitternden Händen, als er die Namen auf den Steinen liest - Martha Pritschen und Benjamin Pritschen.

Begütigend legt ihm der Pfarrer die Hand auf die Schulter. "Sie ruhen in Frieden, mein Sohn, mache auch du deinen Frieden mit dir."

"Sie sind beide ... tot?", stottert Jan Pritschen durch seine verengte Kehle hervor.

"Ja, mein Sohn, und der Allmächtige hat sich ihrer Seelen erbarmt." Der Pfarrer legt die Hände zusammen und betet leise.

Alle drei sitzen schließlich im Pfarrhaus und trinken heißen Kaffee. Der Pfarrer redet ohne Unterlass auf Jan Pritschen ein, doch dieser nickt nur immerzu und seine Blicke haben dabei etwas Unstetes, Gejagtes, sein Gesicht wandelt sich zu einer vielbefahrenen Straße kaum zu unterscheidender Gefühle, die kommen und gehen, vorbeirauschen, aber nicht auf den Gesichtszügen verweilen.

Er hört, wie der Pfarrer zu ihm sagt: "Geh nun heim, Jan Pritschen, deine Liebsten haben es gut, hier auf Erden und dort im Himmel."

Jan Pritschen macht einen langen Atemzug, in dem sich hundert Seufzer sammeln. Dann erhebt er sich mit einer raschen Bewegung. "Sie haben recht, Herr Pfarrer, ich muss heim, ich muss rechtzeitig zurück sein mit der Arznei für meinen kranken Sohn und meine Frau."

Der Arzt will etwas einwenden, aber der Pfarrer gebietet ihm mit einem strengen Blick Stillschweigen. "Geben Sie ihm etwas, irgendetwas."

Aus seiner Jackentasche zieht der Arzt ein Röhrchen mit Aspirin-Tabletten hervor. Jan Pritschen ergreift es und jagt durch die Tür nach draußen.

Stille breitet sich im Zimmer aus, eine quälende, unerträgliche Stille, und der Mond blickt durch das Seitenfenster hinein, als lächelte er über ihrer beider Ohnmacht.

Schließlich erhebt der Priester wieder die Stimme. "Sie sind noch nicht lange bei uns, Herr Bernstein, und daher will ich Ihnen die ganze Geschichte erzählen. Er war betrunken, damals im Sommer, war so sternhagelvoll, dass er die Haustür nicht mit dem Schlüssel öffnen konnte. Drinnen im Holzhaus schliefen seine Frau und sein Sohn. Er klopfte weder an die Scheiben, noch unternahm er etwas anderes, um sich bemerkbar zu machen. Er muss sich wohl eine Zigarette angezündet haben. Der Sommer war trocken, das hohe Gras wie ausgedorrt und gab den besten Zunder für die glühende Asche, die herunterfiel, als er zur Bank vorne am Lattenzaun torkelte und darauf einschlief. Gott gebe, dass seine Frau und sein Kind nicht erwachten in den Flammen."

"So hat er sich die Sache mit dem Fieber bloß ausgedacht?", fragt der Arzt verwundert.

"Kommt das dem Feuertod nicht nahe?", erwidert der Pfarrer mit einem schweren Seufzer.

"Und die Nebel", will der Arzt wissen, "durch die er wandert, selbst bei klarstem Wetter?"

"Sie verhüllen seine Schuld, Sommer für Sommer, seit fünfundzwanzig Jahren."

Weiße Asphodelusblumen

Liegt das Versprechen auf der Lauer, lernt jede Frau einen Mann lieben. Doch ist nicht jedes Lieben zuletzt stets ein Verzicht und Raub auf Dauer?

Im Zimmer ist es kühl. Doch nicht Kälte lässt mich zittern. Was meine Seele wie mit einer Eisschicht überfriert und jeden tagesfrohen Gedanken in eine trübe, dunkle Ecke verbannt, geht vom Raum selbst aus, den ich vor knapp einer Viertelstunde betreten habe und der in mir aufs Schauerlichste die kränkliche, aschfahle Erinnerung an Friedhofsgrüfte weckt.

An der hinteren Wand steht eine schmucklose Truhe aus schwarzem Holz, mit Eisenbeschlägen umspannt, und darauf eine Decke aus matt glänzendem Tuch. In den Stoff eingewoben ist, wie ich zu meinem Erschrecken entdecke, ein hässliches, altes Vettelgesicht mit abstoßenden Runzeln und krummer Nase. Die Alte hält die Augen gramgebeugt gesenkt wie in einer Zeremonie unendlicher Trauer. Es scheint, als haben sich in ihre geschundenen Züge die Zeichen unheilvoller Geschicke eingebrannt. Nur wenige Augenblicke ertrage ich dieses Antlitz aus sterbenssiechem Elend.

Ein Gefühl aus leichtem Abscheu und wunderlichem Erstaunen darüber, dass eine junge Frau ihre Wohnung derart gemütsschwer eingerichtet hat, beschleicht mich zusehends und wird bestärkt, als mein Blick die grässliche Galerie der Wandbeschmückungen entlangwandert. Bilder, Portraits, Gemälde, allesamt mit einem einzigen Motiv: faltige Hände von Greisinnen, winterhaft verdorrt, zum Tode verwelkt und vom Alter fleckig geschwärzt, und widerlich lange Sehnen durchfurchen die Hände, die ineinanderliegen mit dem Ausdruck eines bis zur Neige erschöpften Lebenswillens.

Das Zimmer ist ansonsten karg möbliert. Ein Schaukelstuhl am Fenster, ein Bett mit schwarzem Samt überzogen an der Stirnwand, und zur endgültigen Verspottung aller Lebensbejahung hängt ein Bild von einem Grabhügel mit weißen Asphodelusblumen über dem Kopfkissen. Heftigst rebelliert mein Instinkt gegen diese allzu nahe Gegenwart von Tod und Verfall.

Wie eine Kriegserklärung gegen alles, was in einer menschlichen Wohnstatt für gewöhnlich als liebreich und schmückend angesehen wird und ein warmes Behagen vermittelt, wirkt der Raum in seiner entufernden Trostlosigkeit. Ich kann mir bei aller Phantasie nicht ausmalen, dass eine Frau sich hier wohlfühlen kann, warum sie sich ausgerechnet ein düsteres Verlies zu ihrem Zuhause erwählt hat.

Ein Geräusch aus der Küche lässt mich den Kopf zur Stubentür wenden, und da steht sie in einem knöchellangen, veilchenblauen Kleid, das ihren schlanken Wuchs und die Attribute ihrer Weiblichkeit in sanften Anspielungen umschmeichelt.

Mit der fließenden Anmut einer Nymphe tritt sie über die Schwelle, und im selben Augenblick verblasst die schwarzumränderte Kulisse von Kummer und Leid zu einer weit entfernten Erinnerung, weicht zurück vor den Sonnenstrahlen ihrer liebreizenden Erscheinung. Ihr Lächeln, um das sie jede Blume beneiden muss, vertreibt wie der Frühling den Winter alle Schatten von Düsternis, die diesen Raum eben noch umfangen hielten, von einer Sekunde auf die andere.

Mich mit einem abschätzenden Blick musternd, fragt die Schöne: "Kommst du dir ein wenig verloren vor in meiner Gruft?", und ihre graublauen Augen unter den langen, schwarzen Wimpern leuchten dabei mädchenhaft vergnügt auf.

Sie stellt das hölzerne Tablett mit dem heißen Lavendeltee auf den niedrigen Tisch neben ihrem Bett ab und fordert mich mit einem schüchternen Kopfnicken auf, im Schaukelstuhl Platz zu nehmen. Sie selbst setzt sich aufs Bett.

"Um ehrlich zu sein, ja", antworte ich mit einem schiefen Grinsen.

"So geht es allen, die zum ersten Mal in dieses Zimmer kommen", lacht sie neckisch.

Bei ihrer Bemerkung stiehlt sich der frivole Gedanke an wechselnde Männerbekanntschaften sengend in meinen Kopf, dass ich schamhaft erröte und ins

Grübeln komme, wiewohl eine unverhandelbare Toleranz auch demjenigen gegenüber, das vom geraden Wuchs der Sittsamkeit abweicht, zu meinen ethischen Grundprinzipien gehört. Für ein leichtes Mädchen halte ich sie beileibe nicht.

Sie muss in meinem Gesicht gelesen haben, denn plötzlich straffen sich ihre Schultern, eine dunkle Wolke zieht über ihre glatte emaillene Stirn, und mit unterkühltem Ton sagt sie: "Hier, bitte, der Tee!" und reicht mir den eingeschenkten Becher.

Um den unglücklich begonnenen Abend zu retten, frage ich aufs Geratewohl: "Von wem stammen diese ... faltigen Hände?"

"Von meiner Muhme", bricht es freudestrahlend aus ihr heraus, und all ihr leiser Groll ist mit einem Mal wie verflogen. Ich danke Gott im Stillen für den goldenen Einfall. "Sie ist sehr alt, älter, als sich denken lässt", fährt sie beschwörend fort.

Ihre Übertreibung hat etwas rührend Herzgewinnendes, und ungeachtet der Naivität ihrer Worte fühle ich mich zu ihr hingezogen. 'Kleine Närrin', denke ich, 'und doch so begehrenswert wie eine Elfe aus einem schönen Traum.'

"So lebt sie also noch?", stochere ich nach.

"So könnte man sagen. Auf jeden Fall ist sie mir immer nah", erwidert sie mit funkelnden Augen.

"Wie leicht zu erkennen ist", hake ich mit einem Fingerzeig auf die vielen Bilder an der Wand nach und zaubere ein ironisches Lächeln auf meine Lippen. Es lässt mich, wie ich glaube, männlicher aussehen.

"Ach, könntest du sie doch einmal kennenlernen. Sie ist ein Geschöpf voller Güte, ein Ausbund an Herzensliebe, die keiner Sterbensseele Schaden wünscht und Rosenblüten streut auch auf die Wege gemütsharter Menschen", bricht es aus ihr heraus wie ein Funkenflug, ehe sie für einen kurzen Moment innehält, sich überdenkt und mit verkniffenen Mundwinkeln hinzufügt, "bei alledem hat sie doch einen unverbesserlichen Makel."

Ein leichtes Frösteln kriecht, ohne dass ich weiß warum, über meine Nackengegend. Eines allerdings weiß ich mit felsenfester Gewissheit: Nichts in der Welt könnte mich dazu bewegen, die Bekanntschaft mit diesen leblosen Händen zu machen. "Erzähl' doch", fordere ich sie auf und bin froh, keine Antwort geben zu müssen, während eine maskenhafte Starre auf meine Züge tritt.

"Nun, sie kann keine Männer leiden, die ... du weißt schon", antwortet sie ausweichend.

Kavaliershaft ruckt mein Kopf vor und mit, wie ich überzeugt bin, charmanter Lässigkeit beteuere ich: "Da bin ich aber beruhigt, und ich dachte schon, ich müsste mich vor ihr fürchten."

Ein Lächeln perlt auf ihre Lippen, ehe ihr Gesicht ernste Züge annimmt. "Ich schlage ganz nach ihrer Art, habe Mutter und Vater nie gekannt. Meine Muhme zog mich auf."

Ich nicke stumm. Dass sie eine Waise ist, habe ich nicht gewusst.

"Dieses Bild hier", sie weist mit der Hand auf die Wand hinter ihrem Rücken, "mit der Asphodeloswiese hat sie mir geschenkt und als Talisman überlassen, dass ich niemals vergesse, die Geister der Verstorbenen zu ehren, von denen uns nur ein Lichtstrahl trennt."

Bei diesen Worten legt sich ein geheimnisvoller Schleier um ihre Augen, als müsste sie etwas vor mir verbergen, das erkannt zu werden, wie ich fühle, der Augenblick verbietet. "Wie ich sehe, hat dich deine Muhme mit einfühlsamer Hand erzogen", werfe ich daher augenzwinkernd ein Kompliment ein.

"Gewiss", erwidert sie mit halb scherzhaftem, halb ernstem Ton. "Ich bin eine gelehrige Schülerin."

"Gelehrig worin?", frage ich nach und mein Interesse ist in der Tat nicht gespielt.

"Sie lehrte mich, der Wirklichkeit zu misstrauen und vieles andere mehr, wie zum Beispiel, dem Flüstern des Mondes zu lauschen, etwas, das Menschenohren für immer verschlossen bleibt ... aus vielerlei

Gründen", antwortet sie mit einem harten Blick auf mich.

Ich mache ein betretenes Gesicht. Die Wendung ihrer Worte kommt zu überraschend, zu ungestüm und ist so blumenreich verziert, dass ich damit nichts anzufangen weiß. 'Hat sie denn keine Menschenohren?', frage ich mich, schiebe den Gedanken jedoch sogleich als unnütz beiseite. Ich habe keineswegs etwas gegen romantische Anwandlungen. Hin und wieder fühlte ich mich, wenn auch zugegebenermaßen mit recht dilettantischem Erfolg, dazu berufen, ein verliebtes Gedicht zu Papier zu bringen. Doch das waren nur vorübergehende Launen gewesen, nichts Nachhaltiges, nichts, was auf meinen Verstand abgefärbt hätte.

"Komm!", ruft sie plötzlich aus, springt behende auf die Füße und zerrt mich trotz meines Widerwillens mit erstaunlicher Leichtigkeit aus dem Schaukelstuhl.

Wir stehen am Sprossenfenster, das mit Perlenketten und Amuletten behangen ist. Unter uns, eingezwängt zwischen Häuserwänden, liegt eine mondscheinnasse Gasse.

Ihr Arm berührt mich unabsichtlich, so nah steht sie an meiner Schulter, und ein elektrischer Funken fährt siedend durch mich hindurch. Ich rieche den betörenden Duft ihrer langen, flammend roten Haare.

"Es muss schön klingen, dieses Mondgeflüster", kneife ich mir ein Lächeln ab.

"Ganz und gar nicht", entgegnet sie mit spitzer Stimme. "Alles, was sich hinter Lichtschein verbirgt, spricht mit falscher Zunge. Der Mond dort oben auf seiner stolzen Bahn ist ein wortbrüchiger Schwindler, keiner, dem man trauen darf. Er narrt mit seinem Glanz der Mädchen blumengeschmückte Keuschheit und macht verliebte Blicke zu jeder Hinterhältigkeit. Doch mich täuscht er nicht, dieser scheinheilige Schelm in seinen Lumpen aus Licht!"

Vor Verlegenheit mich räuspernd, denn die ganze Situation kommt mir allmählich irgendwie aberwitzig, ja fast einfältig vor, beschließe ich, allen Ernstes zu versuchen, dieser absurden Komödie, die sie mir meines Erachtens aus welchem Grund auch immer spielt, mit wackerem Gleichmut und einer Prise Witz beizukommen, aber gleichzeitig fühle ich mich, den versteckten Hintersinn ihrer Worte durchaus begreifend, wie ein kleiner Schuljunge, der beim Abschreiben ertappt wird. Ehe ein Wort meine Lippen verlässt, ist sie mir mit ihrer Zunge schon voraus.

"Hörst du, wie er lispelt und sich die Zunge verdreht?", faucht sie ärgerlich und stößt mich mit ihrer kleinen Faust gegen die Schulter. "Käme er dem Feuer wirklich nahe, das er vorgibt zu kennen, auf ewig schwiege sein vorlauter Mund. So aber durchwandert er seit Jahrmillionen den einsamen Himmel, unbeirrbar in seinem Eigensinn, und alles, was er tut und zu versprechen gelobt, ist schattenhaft leer und gänzlich erlogen. Ein Stutzer, nichts weiter! In diesen Dingen ist der Mond einem Kuckuck nah und nächstverwandt, dass er fremde Nester wie ein Dieb aufsucht, um seine eigene Brut durchfüttern zu lassen. So stiehlt er der anderen Vögel Vertrauen. Hör hin!", mahnt mich ihre weiche Stimme, wie mit Kreide überzogen. "Er ist kein treuer Gefährte und in seiner Selbstsucht sich nicht einmal zu schade, der schönen Schwanenfeder entrissene Schwüre als seine eigenen auszugeben. Ich bitte dich, hör hin!"

In ihren Worten liegt so viel Nachdruck, dass ich entgegen aller Vernunft mit Blick und Ohr und ganzer Seele gebannt am Mond hänge, der seinen Glanz mit tausend Kusshändchen in die unschuldige Nacht verstreut.

"Sprich zu ihm, Mond, gib dich zu erkennen!" Einem Peitschenhieb gleich kommt der strenge Befehl über ihre rosablassen Lippen, dass ich für einen Moment stutze und mich frage, aus welcher Quelle ihre Ablehnung und wilde Wut gegen den Erdbegleiter entsprungen ist.

Merkwürdig, aber tatsächlich beginne ich, den Mond plötzlich mit anderen Augen zu sehen, wie er da oben wie ein taufeuchter Stein über den Wolken thront, wie ein Regent ohne ein eigenes Reich, wie ein Zechpreller den Gastwirt um seinen Lohn betrügt, wie ein Wegelagerer arglosen Reisenden den

Dolch in den Rücken stößt, und mit einem Mal scheint mir, er würde … ganz unverhohlen grinsen.

Hat die Poesie aller Zeiten, stichelt ein Zweifel in mir, bloß einen niederträchtigen Götzen und Gesellen der Falschheit in schwärmerische Worte gekleidet und unter ihrem Federstrich den Fels der Treue, dem die Verse gewidmet sein sollten, in billige Honigschwüre verwandelt, süß für den Gaumen nur und Gift für den Geist?

Und in dem Moment, wo ich mich allen Ernstes dieser Frage stelle, meine ich, ein verstohlenes Flüstern zu vernehmen; ganz leise, wie Staub, der in die Ohren rieselt und die Denkkraft verwirrt, ja, was in mich eindringt auf schwirrenden, boshaften Flügeln klingt nach dem ekligen Geschmeiß von Flüsterschwüren, so becircend und in Zärtlichkeit gehaucht, dass mich ein Schwindel überkommt. Und doch empfinde ich nur Schmerz, so heftig, dass meine Ohren in einem schreienden Feuer aufglühen.

Nur kurz haftet die Empfindung an meinem Bewusstsein, dann erlöst mich eine schwarze Wolkenhand, die über den Himmel schleicht, vom Anblick des meineidigen Mondes, und doch bleibt ein Rest von kreatürlicher Furcht vor einer spinnenhaft lauernden Wirklichkeit in mir zurück. Glühendes Metall fließt und frisst sich verzehrend durch meine Adern, und für einen Augenblick ist mir, als stürzte ich in eine bodenlose Tiefe, aus der kalte, unersättliche Gier nach dem Leben greift.

Hilflos treibend in dieser Fremdheit von erschreckender Leere und abgründigster Verlorenheit, ringe ich darum, das Steuerrad auf dem Schiff meines Lebens wieder an mich zu reißen, und wie ich so innerlich taumele und nach einem Halt und festem Boden unter meinen Füßen suche, dem nachtstummen Gespenst mit Widerstand zu trotzen, strebt mein Blick wie angezogen von einem Magnetstein nach ihrem lieblichen Elfengesicht, das im kalten Licht der Dämmerung an Schönheit und Trost gewinnt. Leicht zitternd berühre ich ihren Arm.

Sie jedoch weicht erschrocken zurück, ruft: "Nicht! Mondsüchtiger im falschen Glanz! Du darfst mich nicht begehren, sonst bist du dem Tode verfallen, ein Verlorener für immer, dazu verdammt, gefühl- und freudlos über Asphodeloswiesen zu wandern! Bedenke, die Toten haben keine Erinnerung."

Etwas liegt in ihrer Haltung, das mich zögern lässt, sie in meine Arme zu schließen.

"Die Zeit verrinnt", höre ich ihren Kassandraruf gegen meine Gehörgänge schlagen. "Streit oder verbuhltes Leben?"

Was sie sagt, geht durch mich hindurch wie eine geisterhafte Erscheinung. Die Tochter des Priamos weint vergebens. Ihrem Flehen bin ich eine trutzige trojanische Festungsmauer. Was meine Seele quält und von ihren Worten forttreibt, hat ein anderes Gesicht. Kann es denn angesichts eines plündernden

Grauens hinter den Verheißungen der Welt, schreit es in mir auf, ein stärkeres und erstrebenswerteres Band geben als die Liebe zweier Menschen?

"Habe ich denn keinen Zweifel in deine Erwartung streuen können?" Ihre Stimme ist umspült von einem warmen Unterton, als sie zu mir herüberblickt mit Tautropfen schwesterlicher Sorge in den Augen. "Eile, den Schiffbruch zu verhüten! Kein Aufschub währt ewig, und was du Liebe nennst, ist nur die Lockspeise der Buhlin des Verderbens. All ihre Umarmungen verwehen, einmal genossen, wie verlorene Blüten auf einem schwarzen Ozean."

"Sprich nicht so hässlich", entgegne ich unwirsch. Es will mir beim besten Willen nicht gelingen, ihre Aufwirbelungen von einem mir drohenden Unheil - fast kommt es mir vor wie Gezeter - in einen klaren Gedanken zu gießen. Von Cupidos Pfeilen verwundet und zerstochen, greife ich nach der im Kabinett des Männerdünkels wohl archaischsten aller alraunenhaften Frauenfesseln. "Du bist zu schön, um dich der Liebe verweigern zu dürfen."

"So treibt es der Mond, wenn er die Büsche in lauen Nächten belebt mit heißen Seufzern", wirft sie meinen Einwand schlagfertig aus dem Rennen.

Immer qualvoller empfinde ich nun eine grimmige Kälte in mir, wie eine hinter Schatten mich umschleichende Bestie, wie ein in gähnende Leere mich fortreißender Sog, und nur die Leidenschaft, will ich glauben, könnte mich davor bewahren oder mir wenigstens Vergessen schenken.

"Einen Kuss nur, verlange ich denn zu viel?", schreit es aus meinem Mund und hallt wie Donnerschlag in meinen Adern nach.

"Ein trotziger Bart bist du gegen jeden guten Rat. Nun, da du das Weib in mir gerufen hast ..."

Mit einer leichten Bewegung löst sie das Kleid von der Schulter herab, das lose zu ihren Füßen fällt. So steht sie, aus welken Träumen emporgewachsen, im schillernden Weiß ihrer nackten Schönheit vor mir.

Rasch trete ich auf sie zu, umschlinge sie mit der Hast meiner Begierde, presse sie dicht an meinen Leib und gebe mich völlig den süßen Verlockungen hin. Brennend vor Raserei finde ich ihren Mund, der meine Lippen weich wie flüssiger Bernstein umschmiegt und Feuer mit Feuer erwidert.

Ihr heißer Atem streicht über mein Gesicht. Während meine Hände über ihren Körper gleiten, sich an ihr festkrallen, fühle ich wie ein Vampir die Wärme ihres Blutes unter ihrer Haut pulsieren. Alles, was mich in jenem schrecklichen Augenblick feindseliger Leere umdroht hat, ist nun aus meinen Gedanken verbannt, zu Asche verglüht unter wild entflammten Küssen.

Zunächst von mir unbemerkt im Rausch ungezügelten Verlangens spüre ich mit einem Mal, wie sich die Sanftheit ihrer Berührungen nach und nach wie Eisen um mich legt. Und auch ihre Lippen verlieren die liebkosende Geschmeidigkeit. Plötzlich ist mir, als würde ich einen nassen Stein küssen.

Ich reiße irritiert die Augen auf. Ein Schrei springt mir auf die Lippen, denn in meinen Armen halte ich ein hässliches, nach Moder und Zwiebeln riechendes Zottelweib mit krummen Knien, verwelkten Brüsten und altersgelber Haut, ein Anblick, der meiner Seele wilde Stockhiebe versetzt.

Ich stoße das alte Weib von mir weg und will hinaus zur Tür, kann mich aber nicht vom Fleck rühren. Etwas hält mich fest und zerrt unsichtbar an meiner Haut, krallt sich in meine Haare, und langsam dämmert es mir, dass ich gefangen bin im Spinnennetz jener faltigen Hände, die in Bilderrahmen an den Wänden hängen, jetzt aber, alptraumhaft belebt, wie hungrige Harpyien in einem Veitstanz des Zorns an meinen Gliedern reißen. Der Raum selbst wandelt sich zu einem Spuknest des Irrsinns. Überall von den Wänden her jagen vergilbte, vertrocknete Hände mit langen, scharfen Fingernägeln heran und verbeißen sich in mir.

Ich zappele, schlage um mich, schreie, doch die Heiserkeit meiner Stimme bringt nur ein Krächzen hervor. Mein Widerstand zersplittert zu tausend Scherben. Als hätte mich der Eissumpf der Hölle in die Tiefe gezogen, erstarre ich plötzlich zu gefühllos kaltem Gestein, gelähmt von etwas, das sich bis in die letzte Pore meines Körpers hineingebohrt hat. So hänge ich schlaff und willenlos im Griff der faltigen Hände. Nur Auge bin ich noch, das aus einer dunklen Höhle hinausblickt.

Die Gestalt vor mir, obszön in ihrer nackten Hässlichkeit und mumifiziert zu einer grauenvollen Unerbittlichkeit, starrt mich mit glühenden, giftigen Augen an. "Sagte ich dir nicht, dass meine Muhme einen unverbesserlichen Makel hat?"

Ich schweige. In meinem Kopf schlagen Hunderte von grellen Blitzen ein, verbrennen jeden Gedanken. Da fällt mein Blick auf ihren aufgedunsenen Bauch und etwas in mir zerbricht. Sie hat keinen Nabel.

"Mondgiftiges Geschöpf", krächze ich mit brüchiger Stimme hervor. "Ekelhafte Spinne! Erbfeindin des Lebens!"

"Nein", erwidert die Muhme mit unumstößlicher Gewissheit, "nur das Abbild deiner Furcht."

Dann ziehen mich die Hände fort, durch Mauerwerk und tiefes Erdreich, bis der letzte Funke von Leben im Labyrinth der Dunkelheit in mir erlischt und ich mich als Schatten unter Schatten wandernd auf einer endlosen Asphodeloswiese wiederfinde, jenseits der Flüsse der Unterwelt.

Im Trollenland

Der Himmel ist kalt und sternenlos die Nacht. Über den Häusern fegt ein heftiger Wind und lässt aus vollen Wolkenbacken dicke Regentropfen auf die Erde niederfallen. Plätschernd stürzen sie auf die grauen Dächer und rauschen als helle Melodie silbern durch die Dunkelheit.

Wer einen Kopf besitzt, der diesen Namen verdient, der bleibt bei einem solchen Hundewetter zu Hause, lässt den Kamin auflodern, isst Bratäpfel und trinkt heißen Zimttee. So sind denn auch die breiten Straßen und kleinen, verwinkelten Gassen allesamt menschenleer; nur der Regen fließt schäumend im Rinnstein ab, trägt lose Blätter und Papierfitzelchen davon.

Nicht ein Hund, nicht eine Katze sind zu sehen im halbhellen, halbdüsteren Lichtkegel der Laternen.

Doch plötzlich fällt ein einsamer Schatten auf den Gehweg, dort bei dem Zeitungsstand, und wandert an den Häuserwänden entlang. Der Schatten gehört zu einem Kind, das wie verloren im haarzerzausenden Sturm umherläuft.

Es ist Hans, der Sohn des verstorbenen Schusters. Er ist aus dem Waisenhaus entlaufen, denn der Heimleiter ist ein jähzorniger Mensch mit buschigen Augenbrauen. Bei jeder Gelegenheit schimpft er mit den Kindern und lässt sie tagein, tagaus wie Knechte die Steinböden putzen. Auch hat er ein grausames Herz aus Stein und sperrt, wann immer ihm die Lust dazu kommt, die armen Waisen in dunkle Abstellkammern ein.

Ob sie bitterlich weinen oder steinerweichend flehen, er lacht nur niederträchtig, wie es die Art dieses Grobians ist; kein Jammern und Wehklagen kann ihn rühren.

Manchmal, wenn der bärtige Unhold mit seinen schiefen Maulwurfsaugen und seiner knappen fliehenden Stirn vor Wut rot anläuft wie eine reife Kirsche, dann packt er mit seinen behaarten Fingern eines der kleinen Kinder am Ohr und zieht und zerrt es in die Höhe, dass das arme Kindchen auf den Fußspitzen tänzeln muss und dabei entsetzlich schreit. Der Heimleiter grinst nur grimmig, denn er hat Freude daran, anderen ein Leid anzutun. Und weil die Waisen keine Mutter haben noch einen Vater, sind sie seinen Gemeinheiten wehrlos ausgeliefert.

Hans ist in dieser Nacht, als der böse Mann schlief, aus dem Fenster gestiegen und fortgelaufen. Ganz kalt ist ihm nun und von seiner Stirn fließt das Regenwasser in Strömen über das eiskalte Gesicht. Einen Schirm hat er nie besessen. Alle Waisen sind arm wie Kirchenmäuse, ärmer sogar noch, denn sie besitzen nicht einmal mehr die Freiheit.

Durch die Stadt hindurch, ohne an eine der verschlossenen Türen zu klopfen, läuft Hans zum Wald hinaus, um sich dort zu verstecken. Er weiß nur zu genau, dass sie ihn zum Waisenheim zurückbringen werden, wenn sie ihn fangen. Und dorthin will er nie mehr zurück.

Bei einer hohen Eiche, auf nassem Moos kugelt er sich ein. Denn er ist müde, weit war der Weg, den er gelaufen ist. Dort im einsamen Wald schläft er ein. Er ist so erschöpft an den Gliedern, dass er nicht einmal Zeit gehabt hat, Angst zu bekommen vor der Dunkelheit.

Nebel zieht über die Tannenspitzen, als ihn der Morgen in einem milchig weißen Schleier weckt. Hans steht auf und irrt stundenlang im Wald umher, fragt die bunten Pilze, die mit ihren roten Hüten so lustig aussehen, um Rat: "Wie komme ich ins Zauberland? Sagt es mir bitte, ihr lieben Wichtelmännchen!"

Doch sie antworten: "Klein-Hänschen, Klein-Hänschen, nimmer sagen wir es dir. Dort wohnt das Böse, nichts Gutes kommt daher. Kehr lieber um und sei ein artiges Kind."

Aber Hans denkt gar nicht daran. Er sucht überall, hinter den Büschen, unter den Steinen, steckt den Kopf auch in Dachshöhlen hinein. Wie er so durch den Wald irrt, mal hierhin, mal dorthin, dann wieder zurück und schließlich nur noch im Kreise, steht er plötzlich vor einem vergilbten Wegweiser. Der ist völlig mit Moos überwachsen. Mit flinken Fingern entfernt er das Grünzeug und liest: "Ins Trollenland." Und darunter steht geschrieben: "Wer hier einkehrt, der kehrt nicht mehr um."

Ach, sein Herz klopft ihm bange aus dem Hals heraus. Was soll Hans tun? Die Welt, die er kennt, oder die ungewisse Furcht, zwischen beidem muss er wählen.

"Ihr Kräuter und Farne, Büsche und Gräserhalme, gebt mir einen guten Rat geschwind, bin ich tapfer, wenn ich gehe, oder ein Unglückskind?"

"Klein-Hänschen, Klein-Hänschen, verlass nicht den Pfad, dort wächst eine feindliche Saat, verschlingt dich mit Haut und Haar."

Hans wundert sich darüber, dass das kleinste Blümchen und noch der winzigste Kieselstein ihn zur Umkehr beschwatzen will. Wissen sie denn nicht, wie schlecht man ihn im Heim behandelt hat?

Wer mir zu meinem Unglück rät, so denkt Hans bei sich, auf den höre ich nicht! Und schwupps tritt er über die Schwelle. Ganz leicht ist es und auch nichts Böses geschieht. Wie seltsam, dass die Menschen diesen Weg vergessen haben.

Als es Nacht wird im Trollenland, sieht Hans, hinter Büschen versteckt, einen Haufen krummer, gedrungener, erdfahler Hügelleute mit braunen Gesichtern und zotteligen Haaren, die tragen statt Kleidern Umhänge aus Rinde und Moos.

"Wir seifen uns nicht ein, rasieren nie die Bärte und tun, was uns gefällt, pfeifen auf den Rest der Welt. Mit Tanzen halten wir uns jung, sind steinalt und kerngesund. Und schaut man uns an, so sagt man sogleich - das sind die Hügelleute!"

So tanzen die Trolle im Kreise herum mit wilden Gebärden und donnernden Füßen, springen freudig in die Luft, dass ihre Umhänge wie Vogelschwingen aufflattern, und singen ihre schaurigen Lieder.

Hans steckt den Kopf ganz tief zwischen die Schultern, so bange ist ihm plötzlich zumute, denn die Trolle sehen ganz fürchterlich aus, wie sie da tanzen und singen.

So geht es eine Weile fort, aber plötzlich bricht der Tanz ab.

"Freunde", ruft einer der Trolle, "hier riecht es gar nicht gut, nach Katzenunschuld und treulosem Sinn. Ich mag 's nicht glauben, uns betrachten Menschenaugen!"

Hans macht sich ganz klein unter seinem Mantel, wagt kaum zu atmen, aber die Trolle haben ihn schon bald ausgemacht und ziehen ihn am Kragen aus dem Gebüsch.

"Ei, schaut mal her, was ich gefunden habe!", grölt ein Troll.

"Igitt, igitt, ein Menschenbalg!", rufen die anderen im Chor.

"Das wird ein leckeres Süppchen geben", sagt Großmutter Troll und klatscht vergnügt in die Hände.

Hans zappelt wild und schlägt mit Armen und Beinen um sich. Doch alle Müh' und Gegenwehr ist vergebens. Er kommt nicht aus dem Griff heraus. Trolle sind nämlich mächtig stark, können Felsen hochheben und Bäume in den Himmel werfen, wenn es ihnen gefällt.

Sie setzen Hans auf dem Boden ab, aber eng umringt, dass er ja nicht entfliehen kann.

"Ihr wollt mich doch nicht fressen?", jammert Hans.

"Ja warum denn nicht? Bist du etwa giftig?", fragen die Trolle, und ihre fleischigen Lippen kräuseln sich dabei zu einem gemeinen Grinsen.

"Ja!", lügt Hans. "Ich habe ganz viele giftige Pilze gegessen."

"So?", beäugt ihn Großmutter Troll argwöhnisch. Sie hat einen großen Bauch und gewaltige Brüste. "Ist das auch wahr?"

"Ganz bestimmt!", nickt Hans eifrig. "Bis oben hin bin ich mit giftigen Pilzen voll."

"Etwa von denen da?", und sie zeigt mit der Hand auf eine Rotte Pilze, die unter dem Gebüsch hervorlugt.

"Und auch von denen und denen da", jubiliert Hans im Herzen.

"Sehr schön!", erwidert die Alte zu Hans' Erstaunen. "Die mögen wir nämlich ganz besonders gern. So wird dein Bauch gut gewürzt sein für unser Fleischsüppchen." Und gelber Schleim fließt allen Trollen dabei aus der dicken Knollennase, so sehr freuen sie sich auf das leckere Mahl.

"Tut mir bitte nichts", stöhnt Hans, faltet die Hände zusammen und schaut die Trollengroßmutter mit großen, unschuldigen Augen an. "Lasst mich bei euch leben, dann will ich auch immer den Mülleimer für euch hinaustragen."

"Ha! Ha!", lachen die Trolle und verbiegen sich dabei ihre Leiber. "Wir haben doch gar keinen Mülleimer. Was wir nicht essen, das schenken wir den Krähen."

"Dann will ich eure Stiefel putzen, bis sie im Mondschein glänzen."

In ihre schmutzigen Erdgesichter tritt Verwunderung. "Stiefel?", brummen sie. "Wer wird sich denn die Füße freiwillig einsargen lassen? Wir lassen unsere Zehen lieber Mondluft atmen, dann bleiben sie stark und wurzelfest."

"Dann lasst mich eure Wäsche waschen, die Zimmer entstauben und die Böden scheuern, nur esst mich bitte nicht auf!", weint Hans ganz kläglich.

"Junge, du bist nicht bei Trost; wir sind doch keine Menschen, waschen weder unsere Kleider noch putzen wir unser Hügelhaus. Du bist zu nichts gut außer für den Suppentopf. Und damit Schluss mit dem Gerede. Wir sind hungrig vom vielen Tanzen." Und Großmutter Troll bleckt die krummen, gelben Zähne.

"Die Welt ist ein Ungeheuer", jammert Hans. "Ach, hätte ich mich doch von der Brücke in den Fluss gestürzt, dann wäre ich jetzt schon im Himmel!"

"Du weißt, wie man zum Himmel kommt?", fragt der Obertroll, nun neugierig geworden. "Interessant! Hör zu, Menschenkind, wir lassen dir dein Leben."

"Ja!" Hans strahlt über beide Backen.

"Aber nur, wenn du uns ein Stück Käse vom Himmel holst."

"Käse?", fragt Hans verdutzt.

"Er ist schlau", sagt der Troll mit dem Wacholderkraut im Haar. "Das Leben ist ihm nicht genug."

"Dann wollen wir ihm Obdach gewähren, und auch den Tanz der Trolle soll er lernen." Und zu Hans gewandt sagt der Obertroll: "Dann wirst du einer von uns, wenn du magst."

"Was soll ich tun?", fragt Hans.

"Siehst du den Käse dort oben?", und der Obertroll weist mit der Hand zum Mond. "Bring uns ein Stück davon, dann kannst du bei uns bleiben, wenn nicht, nun, dann kommst du als gesalzenes Hühnchen in den Suppentopf. Und glaube ja nicht, dass du fliehen könntest. Aus dem Trollenland gibt es kein Entkommen und vor uns kein Verstecken. Sieben Stunden geben wir dir für deine Prüfung."

Daraufhin lassen die Trolle Hans allein zurück mit seiner unmenschlichen Aufgabe. Wie soll er zum Mond hochfliegen, und selbst wenn es ihm gelänge, ist Gevatter Mond im Trollenland denn tatsächlich aus Käse? In der Schule der Menschen hat Hans gelernt, dass der Mond aus kaltem Gestein besteht.

Wie Hans so vor sich hin grübelt, hört er mit einem Mal über sich in den dunklen Lüften den schneidend dünnen Ruf der Nachtschwalbe: "Quivit, quivit!" Und da kommt ihm eine Idee.

"Tante Nachtschwalbe, Tante Nachtschwalbe", ruft Hans sich die Zunge wund. "Flieg nicht weg, ich bitte dich!"

"Hast du mich gerufen, Menschenkind? Was machst du hier im Trollenland?" Und die Nachtschwalbe, die eine zierliche junge Dame ist, landet auf dem hohen Zweig einer Eiche.

"Ich bin von den Menschen fortgelaufen; ohne Vater und Mutter wurden Kummer und Leid meine Zieheltern. Aber nun wollen die Trolle mich fressen, wenn ich ihnen keinen Gefallen tue."

"Das sieht ihnen ähnlich, haben keinen Anstand im Leib", erbost sich die Schwalbendame und fügt versöhnlich hinzu: "Sind recht raue Gesellen, die Hügelleute, aber im Grunde nicht wirklich böse, nur eben ohne Manieren. Was ist es, das du für sie tun sollst?"

"Ein Stück Käse vom Himmel holen", antwortet Hans verlegen.

"Von Gevatter Mond etwa? Ich will dir nicht den Mut nehmen, kleiner Mensch, aber er ist so geizig und knauserig, der gibt dir bestimmt nichts."

"Ach, wenn ich nur hinaufkäme, ich würde ihn schon mit einer feinen List umgarnen", erwidert Hans und klopft sich auf die Stirn.

"Nichts einfacher als das", sagt die Schwalbe mit fröhlicher Stimme. "Greif nur nach meinen Füßen, wenn ich an deinem Kopf vorbeischwirre, so will ich dich rasch zum Mond hinauffliegen."

Hans springt hoch, als der Schatten der Schwalbe an ihm vorbeifliegt, und tatsächlich, einen Augenblick später baumelt er hoch oben in der Luft über den Baumeswipfeln, die in die Nacht rauschen, und über den Waldsee hinweg, der wie ein silberner Spiegel zum Himmel aufglänzt. Immer höher trägt ihn die Schwalbe, und Hans wird ganz schwindelig dabei. Wald und Welt schrumpfen auf Stecknadelgröße, und in seinen Ohren bläst der Wind.

Der Mond aber wird immer größer und gewaltiger, und plötzlich riecht es auch ganz merkwürdig nach Käse. Dicht über dem zerklüfteten Mondboden lässt Hans die Füße der Schwalbendame los. Er landet sanft, denn der Mond ist staubweich und federt seinen Fall ab.

"Nun muss ich schleunigst wieder zurück, ich habe noch ein Rendezvous mit einem stattlichen Schwalberich. Von jetzt an musst du dich allein zurechtfinden." Und schon stürzt sie sich kopfüber zur Erde herab.

Käse in Maßen ist etwas Feines, aber ein ganzer Mond aus Käse - oh, wie der Geruch Hans in die Nase sticht!

Von der Erde aus hat der Mond ganz nackt ausgesehen, aber nun, da er darauf steht, erblickt er überall große Maschinen, die brummen und dröhnen, dass ihm die Ohren summen, und gewaltige Pumpen und Rohre gehen von ihnen aus, die dringen unter die Mondoberfläche. Spiegel hängen oben an den Maschinen und schwirren wie gläserne Drehtüren im Kreise. 'Wozu die wohl gut sind?', fragt sich Hans ganz verwundert, ehe er aufbricht an vielen Kratern und Löchern vorbei zur dunklen Seite des Mondes, die man von der Erde aus nie sieht, denn dort, so hat ihm die Schwalbenlady zugeflüstert, ehe sie zurückflog, soll der greise Gevatter wohnen.

Der Weg ist lang und beschwerlich, und wo Hans auch hinkommt, überall stehen hässliche, ratternde, quietschende, scharrende Maschinen.

Plötzlich wird es dunkel um Hans herum. Er hat die andere Seite des Mondes erreicht, und jetzt sieht er auch, nicht allzu weit entfernt, einen Turm aus klobigen Steinen, der sich nach den Sternen streckt.

Fackeln beleuchten den Weg zum Turm. Hans geht durch das Tor und steigt eine gewundene Treppe hinauf. Er hat überhaupt keine Furcht, obwohl hier alles so seltsam aussieht. Schließlich tritt er in eine große Halle, und an der gegenüberliegenden Wand sitzt in einem Schaukelstuhl ein ehrwürdiger alter Mann mit einem langen weißen Bart, der fällt ihm bis auf die Füße hinunter.

"Ich habe dich schon von Weitem gesehen", sagt der Alte und weist mit der knöchernen Hand auf das Fenster an der Rückwand, ehe er sich Hans ganz zuwendet. "Ich mag es gar nicht leiden, wenn man auf meinem Käse herumtrampelt. Was willst du hier?" Und seine Stimme klingt hart und unfreundlich.

"Verzeiht, werter Gevatter, ich wollte Euch nicht erzürnen." Hans senkt betrübt die Augen.

"Papperlapapp! Palaver nicht herum, sag mir lieber, was du hier tust. Du willst doch nicht etwa meinen Käse stehlen, du spitzbübische graue Menschenmaus?" Der Alte steht auf, nimmt seinen Bart in die Hand, damit er nicht drauftritt, und beugt sich neugierig zu Hans herunter. Sein Gesicht ist voller Furchen und Runzeln. Er ist ja auch schon sehr alt.

"Also!", ruft er aus und fixiert Hans lauernd mit seinen kleinen, raffgierig glänzenden Augen.

"Um ein wenig Käse möchte ich Euch bitten, lieber Herr Gevatter", flüstert Hans mit einem Schluchzen im Hals.

"Damit du es an die Trolle verfüttern kannst? Ha! Ich habe von hier oben alles gesehen. Da, mit meinem goldenen Fernrohr. Aber rühr es mir nicht an. Du könntest es kaputtmachen. Menschen haben ja so ungeschickte Finger. Müssen alles anfassen, was sie sehen, und lassen es dann fallen."

"Ich möchte wirklich nur eine Handvoll Käse, damit ich bei den Trollen bleiben kann", beteuert Hans.

"Du schlägst aus deiner Art, Menschenwicht. Bist du vielleicht doch ein Dieb? Nun red schon, was bekomme ich dafür?" Und in die Augen des Alten tritt ein gieriger Glanz.

"Meinen aufrichtigsten Dank", antwortet Hans kleinlaut, denn noch nie ist er einem Geschöpf, so auf Gewinn versessen, begegnet.

"Dank? Was soll das sein? Hast du es in den Taschen versteckt? Zeig es her!", fordert ihn der Gevatter auf.

"Dank trägt man im Herzen." Hans ist ganz reumütig geworden.

"Das Herz der Menschen ist ein wüster Ort, da wohnt nur die Arglist drin." Der Gevatter wendet sich von Hans ab und geht zu seinem Schaukelstuhl zurück. "Glaub nicht, dass du mich mit Worten ködern kannst. Wenn du mir sonst nichts anzubieten hast als ein leeres Versprechen, dann geh."

"Ihr müsst sehr einsam sein, hier oben im Turm, Gevatter", erwidert Hans mit einem schlauen Lächeln um die Lippen.

"Mmh", grunzt der Alte.

"Euer Rücken ist krumm von der vielen Verantwortung, die Ihr zu tragen habt; lasst meinen jungen Arm Euch dabei helfen." Hans tritt vor den Alten hin und schaut ihn mit erwartungsfrohen Augen an.

"Schlau bist du, Menschenkind; also gut, du sollst drei Jahre bei meinen Maschinen arbeiten, denn du musst wissen, sie melken das Sonnenlicht und machen daraus Käse. Ist die Frist um, so magst du mit einer Handvoll Käse gehen."

"Aber ich habe doch nur sieben Stunden Zeit, dann muss ich zu den Trollen zurück", entgegnet Hans trotzig.

"Kleiner Narr, weißt du es denn nicht? Auf dem Mond läuft die Zeit doch viel schneller. Du wirst schon rechtzeitig wieder auf der Erde sein."

Und so arbeitet Hans drei Jahre für den alten Gevatter. Alle vier Wochen kommt die Riesenmotte Cucula mit einem Korb um den Bauch zum Mond geflogen und bringt Früchte und Nüsse. Dafür nimmt sie Käse mit auf die Erde zurück. Das Zwergenvolk hat sie geschickt, denn auch sie lieben den Mondkäse. Immer wenn Cucula abfliegt, schrumpft der Mond zu einer Sichel zusammen, denn so viel passt in ihren gewaltigen Korb hinein. Dann laufen die Maschinen wieder auf Hochtouren und produzieren aus Sonnenlicht neuen Käse, bis der Mond wieder ganz wird.

Am letzten Tag dieser drei langen Jahre verabschiedet sich Hans vom Gevatter, klettert in den Korb der Motte und mit mächtigen Flügelschlägen geht es wieder zurück auf die Erde. Als er neben der Eiche steht, dort, wo seine Reise begonnen hat, schlagen die Glockenblumen gerade zur siebten Stunde. Ganz in der Nähe hört er die Trolle bei Tanz und Gesang.

"Wir seifen uns nicht ein, rasieren nie die Bärte, und tun, was uns gefällt, pfeifen auf den Rest der Welt. Mit Tanzen halten wir uns jung, sind steinalt und kerngesund. Und schaut man uns an, so sagt man sogleich - das sind die Hügelleute!"

Mit dem Käse in der Hand läuft Hans zu ihnen hinüber.

Über den Autor

Istanbul 1962 hatte für Sedat Kalyoncu nur die vorübergehende Bedeutung eines Eintrags auf einer Geburtsurkunde. Bereits im zarten Alter von anderthalb Jahren begann für ihn unterdessen eine Reise, die ihn, zunächst mehr mitgerissen als willentlich beabsichtigt, zum Grenzgänger zwischen dem Okzident und dem Orient machte. Einst aufgebrochen in einem kleinen Dorf in den Bergen am hinteren Teil der türkischen Schwarzmeerküste, verschlug es ihn an die von bröckelnden Steilfelsen und weißem Dünensand umschlungenen Gestade der Ostsee, kurzum: in die alte Hansestadt Lübeck.

Ein migrantisches Schicksal, könnte man meinen, aber zugleich auch eine unverhoffte Chance, zwei Wege und Aspekte in der Auseinandersetzung mit dem, was den Menschen angeblich ausmacht und was er im Laufe turbulenter Geschichtsverläufe verloren hat, kennenzulernen. Für jemanden, der hineingeworfen wurde in den gesellschaftlich brackigen Sumpf von tradierten Herkunfts- und Abstammungsmythen, stellt der überladene und vielfach abgewetzte Begriff der gefühlten Heimat eine über allen Schein existentielle Frage und Herausforderung dar.

Spricht auch die Zunge in vielen Sprachen, so kennt das Menschenherz doch nur ein einziges Heim. Es verweilt an keinem Straßenschild, wirft keinen

Schatten auf historische Denkmäler und wirbt auf Neonreklamen um keine käuflichen Waren. Jede echte Zugehörigkeit ist ein Wagnis und erstritten außerhalb von Staats-, familiären oder kulturellen Grenzen. So sind über die Jahre zu diesen und artverwandten Themen eine Anzahl von Geschichten entstanden, skurril, verworren, geheimnisvoll, aber - so unaufhaltsam wie Wasser auf seinem Weg durchs unterirdische Gestein - mit Leidenschaft geschrieben.

Sedat Kalyoncu hat verschiedene Kampfkünste betrieben und von Jugend auf dem Schachspiel die Treue gehalten. Inzwischen lebt und arbeitet er in einem kleinen Dorf in Dithmarschen, Schleswig-Holstein. Viele seiner Texte sind in der elektronischen Zeitschrift "Schattenblick" veröffentlicht.

Helmut Barthel

Zauber kalt

Ein Märchen für Erwachsene

Teil 1 - **Bari in Inari**

Folgt mir nun auf die Reise in eine ferne Vergangenheit, die der Zukunft doch so nahe ist wie die Worte, die ich gebrauchen werde, um Euch die Begebenheiten meiner Wanderschaft an die Quellen der Zauberei zu erzählen.

Paperback, 174 Seiten, 11,80 €
ISBN 978-3-925718-34-2

Teil 2 - **Die wilde Jagd**

Lasst uns nun weiter zusammenrücken und uns fortbewegen auf einer längst begonnenen Reise entlang der Pfade grenzwertiger Geschehnisse, direkt auf die Folgen lebens- und wirklichkeitsverändernder Konsequenzen zu.

Paperback, 92 Seiten, 9,00 €
ISBN 978-3-925718-41-0

Teil 3 - **Wirklich kalt**

"Zauber kalt, Teil 3 – Wirklich kalt" folgt in Kürze ...

MAV Verlag

Helmut Barthel

Lyrik-Lesung

im Kulturcafé Komm du, Hamburg-Harburg

Band 1 bis 5

Band 1, Paperback, 198 Seiten, 12,80 €
ISBN 978-3-925718-29-8

Band 2, Paperback, 146 Seiten, 10,90 €
ISBN 978-3-925718-30-4

Band 3, Paperback, 190 Seiten, 12,50 €
ISBN 978-3-925718-31-1

Band 4, Paperback, 124 Seiten, 10,00 €
ISBN 978-3-925718-32-8

Band 5, Paperback, 198 Seiten, 12,80 €
ISBN 978-3-925718-33-5

Helmut Barthel

Dichterstube – Kehricht

Lyrik** & **Poesie

Band 1 und 2

Band 1, Paperback, 272 Seiten, 12,90 €
ISBN 978-3-925718-26-7

Band 2, Paperback, 188 Seiten, 10,90 €
ISBN 978-3-925718-27-4

Der Vollerwachte

aber widersprach und sagte ...

von Helmut Barthel

Unnahbar geht der Erhabene seinen Weg und hinterläßt ganz nebenbei bedenkenswerten Rat und erfrischende Worte zu allzeit aktuellen und grundlegenden Lebensfragen und spirituellen Rätseln. In stets zugewandten, virtuellen Disputen wendet er sich mit lebenspraktischem Blick gegen die Einseitigkeit fundamentaler Wahrheiten und tritt kompromißlos der Vormacht aller Schmerzen und dem Spektrum aller Leiden entgegen.

Ein Lesevergnügen eben nicht nur für die Vertreter der diversen Glaubensrichtungen.

Ein Zimmermann

in der Wüste

Es begab sich aber vielleicht auch ...

Eine heitere Exegese
neutestamentlicher Begebenheiten

von Helmut Barthel

Mit einer Exegese der besonderen Art bietet Helmut Barthel in seinem Erzählbändchen einen ganz neuen und humorvollen Blick auf 14 bekannte neutestamentliche Episoden um den Zimmermann Jesus von Nazareth und seine Anhänger, der ohne Religiosität und Frömmigkeit auskommt. Ein Lesevergnügen und eine Entdeckungsreise sowohl für moderne Christen als auch für Anhänger anderer Glaubensrichtungen.

Helmut Barthel

Ein Zimmermann in der Wüste

Taschenbuch, 86 Seiten, Preis 8,20 €
ISBN/EAN: 978-3-925718-35-9

Helmut Barthel

Fabulate

Randbemerkungen in zeitkritischen Prosabildern

Die Themen dieser Sammlung entstammen einem breiten Spektrum von Politik und Gesellschaft über Ökonomie, Medien, Repression, Umwelt, Klima und Katastrophen bis hin zu Sozialem, Philosophischem und Kulturellem. Der Autor nimmt Stellung zur Qualifikation von Raub und Zerstörung vom Anbeginn der Menschheitsgeschichte bis in die Gegenwart. Die punktuelle Präsentation seiner Sichtweise regt an, die Gedanken fortzusetzen. Kleine Anlässe fördern überraschend weit über das Problem hinausgehende Fragen zutage.

Helmut Barthel

Fabulate

Paperback, 284 Seiten, Preis 12,00 €
ISBN/EAN: 978-3-925718-40-3

Brigitte Plath

Akilah tanzt

14 widergeistige Kurzgeschichten und Dialoge

Was wäre, wenn ... es ist nicht ausgeschlossen, dass festgefügte Vorstellungen bei der Lektüre von "Akilah tanzt" unversehens ins Wanken geraten. Wem also seine gewohnten Perspektiven allzu lieb und teuer sind, der lässt vielleicht besser die Augen von diesem Buch ...

Paperback, 123 Seiten, Preis 9,00 €
ISBN: 978-3-925718-39-7

⟷

Brigitte Plath

Federfang

Satire- und Erzählgedichte

„Können die nicht Frieden halten?“,
sagt Herr Schulz zum Zeitungsrand
und versucht, sein Ei zu spalten
mit dem Messer in der Hand ...
(aus: Blutwurstfrieden)

Paperback, 114 Seiten, 9,70 €
ISBN 978-3-925718-36-6

Kirsten Barthel

Frize Fraze

Aus der Ferne

Die Frize Fraze wussten nicht, wo sie herkamen oder warum sie da waren, aber wer weiß das schon. Sie konnten auch nicht sagen, wo ihre Reise hingehen sollte. Sie kamen mit einem großen, rotierenden Raumschiff aus der Ferne und waren nach der Landung losgelaufen, um die Umgebung zu erkunden.

Alles war neu und alles war fremd ...

Für Kinder ab 2 Jahren

Kirsten Barthel

Frize Fraze - Aus der Ferne

Hardcover 19 x 25 cm
28 Seiten, Preis 17,00 €
ISBN/EAN: 978-3-925718-42-7

"Frize Fraze - Neue Welt" (Band 2) erscheint voraussichtlich im März 2022.

⟵⟶

Zwei weitere Kinderbücher von den Autorinnen Heike Buchholz und Petra Hansen sind in Vorbereitung.